JN439458

묘적암妙寂庵

현 대 수 필 가 1 0 0 인 선 · 0 9

묘적암妙寂庵

고봉진 수필선

종은수필사

■ 책머리에

수필은 누구나 부담 없이 읽고, 마음만 먹으면 직접 쓸 수도 있는 가장 친근한 문학이다. 다른 영역의 문학이 영상매체에 밀려 신음하고 있는 중에도 수필 인구만은 날로 증가하여 바야흐로 수필 전성시대를 구가하고 있는 이유도 거기에 있을 것이다.

시대적 추세에 힘입어 수많은 수필전문지, 수필동인지가 창간되고, 이에 비례하여 신진 수필가도 날로 늘어나다 보니 이제는 그 많은 작가, 그 많은 작품 중에서 문학성 높은 작품을 가려 읽는 일이 쉽지 않게 되었다. 이런 현상은 작가에게나 독자에게나 결코 바람직한 일이 아니다. 더 나아가서는 수필을 연구하는 후세들에게도 큰 부담이 될 것이다.

이런 문제를 해결하는 데는 출판인도 마땅히 한몫을 감당해야 한다는 평소의 소신에 따라, 본사가 기꺼이 그 역할을 맡기로 했다. 그 첫 번째 사업으로 시대를 대표할 만한 수필가 100인을 선정하고, 작가가 자선한 40편 내외의 작품을 수록한 문고본을 발간하여 이를 널리 보급함으로써 그 소임을 다하고자 한다.

본사는 사명감을 가지고 이 사업을 추진해 나가기로 했다. 작가 선정을 전담할 편집위원회를 구성하고 전권을 위임하여 일체의 사적인 정실이나 청탁을 배제함으로써 전문성과 공정성을 확보해 나갈 것이다.

따라서 이 기획물 속에는 작가의 문학정신뿐만 아니라, 본사의 문학사적 기여 의지와 편집위원 제위의 수필문학에 대한 애정과 문인으로서의 양심이 함께 담겨 있음을 자부한다. 다만, 작가를 선정하는 기준에는 많은 견해의 차이가 있을 수 있고, 선정 과정에서도 미처 챙기지 못한 부분이 있을 것이라는 사실만은 인정하지 않을 수 없다. 이 점에 대해서는 관계자 여러분의 양해 있으시기 바란다.

이 시리즈의 발간 순서는 작가, 또는 본사의 사정에 의한 것일 뿐 그밖의 어떤 기준도 적용하지 않았음을 밝힌다.

본 기획물이 시대를 초월한 많은 수필 애호가들의 관심과 애정 속에 우리나라 수필문학 발전에 한 이정표가 되기를 바랄 뿐이다.

2007년 8월

좋은수필 발행인 서 정 환

현대수필가 100인선 간행 편집위원 박 재 식 최 병 호

정 진 권 강 호 형

변 해 명

| 차례 |

1_부

묘적암妙寂庵 • 12
어떤 전화 • 18
향수鄕愁 여행 • 24
창 경 원 • 31
여자 동창생 • 37
9월이 오면 • 42
개나리, 그리고 라일락 • 47
그 길었던 여름날 • 50

2_부

해바라기 • 56
가장家長 • 60
눈 내리는 창가에서 • 65
잃어버린 지갑 • 70
덜렁이의 건망증 • 75
시력의 한계 • 80
자신을 안다는 일 • 86
언어의 혼란 • 92

3_부

통신 • 102
마침표 • 107
굴뚝 • 112
이런 그리움 • 117
시를 외우며 • 123
늦친구 • 128
사람의 성격 • 134
성냥 파는 소녀 • 139

4_부

마티스의 그림 • 146
카네기홀 • 151
책이 불어나는 사연 • 155
고전古典 읽기 • 161
안개 속에서 • 167
논어論語 • 172
나의 테발디 • 176
가지 않은 길 • 181

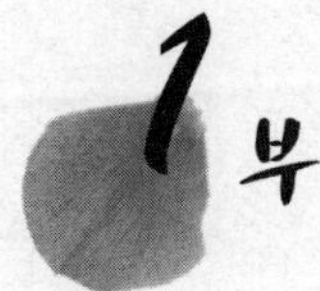

1부

묘적암妙寂庵
어떤 전화
향수鄕愁 여행
창 경 원
여자 동창생
9월이 오면
개나리, 그리고 라일락
그 길었던 여름날

묘적암妙寂庵

대학을 나온 후 몇 해 동안 나는 이일 저일 좌절만 거듭하며 실의의 날들을 보낸 적이 있다. 매사에 맺고 끊는 점이 분명치 못한 못난 성격이다. 지금 생각하면 별 대수롭지도 않은 주변 사에 얽매여 졸업을 전후한 중요한 시기에 공부를 계속하느냐 직업을 갖느냐 하는 자신의 장래 문제에 명백한 태도 설정을 하지 못했었다. 엉거주춤한 자세로 우왕좌왕하다 보니 세월만 헛되이 흘렀다.

그러고 있던 늦가을의 일이다. 얼마간 열의 없이 다니던 직장을 내던지고 지칠 대로 지쳐 잠시 고향 집에 내려가 머물고 있을 때였다.

세상의 고민이란 고민은 모두 독차지한 양 야단스럽게 우울해 하며 밤마다 뜬눈으로 새우다시피 했다. 자연히 현실 도

피적인 상념만 꼬리를 물고 일어났다.

며칠 궁리 끝에 어느 날 평소에 읽고 싶어 하던 불교에 관한 책 몇 권을 배낭 속에 집어넣고 집을 나서기로 했다. 어디 조용한 산사山寺라도 찾아 들어가 몇 달 동안 책이나 실컷 읽으며 나의 인생 문제를 근본적으로 다시 생각해 볼 심산이었다. 삭발을 해 볼까 하는 충동도 만만치 않았다.

어른들은 어쩌면 출가로 연결될는지도 모를 나의 엉뚱한 가출을 영문도 모르고 반기는 것 같았다. 줄곧 시원치 않은 일만 되풀이해 오던 아들이 모처럼 세상 살아가는 데 유용한 공부라도 하러 가는 줄 알았던 모양이다.

아침나절에 집을 나서기는 했지만 서둘 까닭이 없는 걸음이었다. 지켜야 할 시한이 있거나 기다리고 있는 사람이 있는 것도 아니다. 내 마음 속으로 혼자 정한 곳을 찾아가는 길, 버스 같은 것은 애초부터 탈 생각이 없었다. 길을 걷기에 아주 상쾌한 날씨였다. 11월초의 맑은 가을 하늘 밑으로 한없이 이어지는 흰 길을 따라 하루 종일 터벅터벅 걸어갔다. 다 저녁 때 목표했던 김룡사라는 절에 닿았다. 그러나 뜻밖에도 그 곳은 어느 해부터인지 비구니들만의 도량道場이 되어 있었다. 몇 달은 고사하고 하루 저녁 유숙조차 불가능했다. 하는 수 없이 그 날은 절 근처 민가에 머물렀다. 집 뒤로 흐르는 개울물에 부르튼 발을 담갔다. 아무런 수소문도 하지 않고 무턱대고 길을 떠나온 자신이 한심하기 짝이 없었다.

다음날은 험한 산길을 타고 그 곳에서 다시 몇 십리 떨어진 대승사를 찾아갔다. 그러나 그 곳도 마침 법당을 대대적으로 중수하고 있어서 나 같은 떠돌이에게 빌려 줄 여유 있는 방이 없었다. 대웅전 섬돌에 털썩 주저앉아 낭패해 하고 있는 내가 딱해 보였던 것일까. 응대해 주던 승려가 산속으로 좀더 들어가면 암자가 하나 있으니 거기라도 한번 찾아가 보라고 한다. 이름은 묘적암妙寂庵이 라고 하였다.

가파른 산허리를 몇 굽이 돌아 오르다 보니 암자 하나가 나타났다. 승려 이야기로 짐작한 것보다 아주 가까운 곳에 있었기 때문에 긴가민가하고 찾아 들어가 보았더니 역시 다른 곳이었다. 유선암遊仙庵인가 뭔가 하는 암자였는데 비구니들이 기거를 하는 곳이었다. 부엌에서 불을 지피고 있던 비구니 두 분이 반갑게 맞이하더니 문 밖까지 따라 나와서 묘적암 가는 길을 몇 번이나 자상하게 일러 주었다. 한 분은 나이가 지긋이 든 어머니 같은 분이었으나 또 한 분은 서른 안팎으로 보이는 대단한 미인이었다. 얼굴이 분을 바른 듯이 희고, 젖어 있는 것 같은 크고 검은 눈동자가 아름다워 충격에 가까운 깊은 인상을 받았다.

일러 준 대로 얼만가 한참을 더 가다 보니 주위가 높은 산등성이로 둘러싸이고 큰 나무들이 울창한 계곡 한 기슭에 묘적암이 보였다. 의외로 칠십 가까운 노파가 한 분 계시다가 마중을 해 주었다. 스님은 출타 중이라 했다. 찾아온 용건을

든더니 고개를 가로 저어 보였다. 스님을 만나 보나마나 거절할 것이 뻔 하다는 것이다. 그렇다고 당자를 만나 보지도 않고 지레 그만두고 내려오기가 억울해서 망설이고 있는데, 노파가 저녁때가 다 되었으니 스님이 돌아오면 요기나 하고 돌아가라고 했다. 권하는 대로 마루에 걸터앉았다. 좁은 뜰에는 바람이 불 때마다 가랑잎들이 우수수 떨어져 내렸다. 노파는 부엌을 드나들면서 간간이 자기 신세타령을 하기 시작했다. 그 신세타령으로 노파와 암자의 스님이 모자母子 사이라는 사실을 알게 되었다. 사십이 넘도록 자식이 없어 열심히 불공을 드렸고, 그래서 기적같이 얻은 아들이 고등학교 때 느닷없이 출가를 하고 말았다는 사연이었다.

산속의 가을날은 짧았다. 해가 산등성이로 넘어가자 바로 어둑해지기 시작했다. 기다리던 당주堂主가 시원한 걸음걸이로 뜰로 들어섰다. 훤칠한 키에 이목구비가 수려하고 또렷하게 생긴 분이었다. 노파가 내가 찾아온 연유를 이야기하자 가볍게 한마디로 거절했다. 긴 말이 필요 없을 것 같았다. 그렇다면 하고 일어서는데, 노파가 붙들며 저녁상을 내왔다. 상에는 멀건 좁쌀 죽 두 그릇하고 간장 한 종지가 놓여 있을 뿐이었다. 마주 앉은 스님은 평온하고 맑은 얼굴을 한 채 묵묵히 수저를 움직이고 있었다.

나는 곧 일어섰다. 노파가 어두운 길에는 이것이라도 있는 편이 낫다며 땔나무 사이에서 투박한 지팡이 하나를 골라 주었다. 그리고 학생도 무슨 공부를 하는지 모르지만 이런 산속보다는 부모님 곁이 좋을 테니 집으로 돌아가라며 한참을 따라 내려오면서 전송을 해 주었다.

처음에는 대승사를 다시 들러 하룻밤을 유하고 다음날 다른 절을 찾아 나설 작정을 했었다. 그러나 한참 걷고 있노라니 마음이 달라졌다. 대승사로 들어가는 어귀를 지나쳐 버렸다. 그리고는 집으로 돌아가는 길로 들어섰다.

초저녁 하늘에는 뿌연 은하수가 흐르고 있었다. 그것도 마치 집이 있는 쪽으로 가고 있는 것 같았다. 밤이 이슥해 갈수록 길은 어두워져 갔다. 지형에 따라서는 밤안개까지 내린 곳이 있어서 지척을 분간하기 어려운 경우도 있었다. 사위가 한없이 어둡고 적막한 가운데 홀로 걷고 있자니 온몸의 신경이 지팡이를 짚고 있는 팔로 집중되어 지팡이 끝과 내 머리가 바로 이어진 것 같은 환각을 느꼈다. 다른 감각은 모두 잠이 들었는지 아프던 다리와 발에서는 전혀 통증이 느껴지지 않았고 가끔 자신이 걷고 있다는 사실조차도 잊어버렸다.

이틀간에 걸친 짤막한 도보 여행이었고 잠간의 나들이에 지나지 않았지만, 그 일이 있고 나서 나는 바로 집을 떠나 서울로 올라왔고 곧 새로운 생활을 시작했다.

그로부터 벌써 스무 해가 넘는 긴 세월이 흘렀다.

이따금 살아가는 일에 피곤을 느낄 때가 있다. 그 때마다 나는 그 해 가을 무엇인가 열심히 기구하는 마음으로 산속을 헤매던 일이 생각난다.

한없이 쓸쓸한 분위기가 감돌고 있던 묘적암에서 만났던 기묘한 모자가 떠오르고 나는 아직도 그 노파가 건네 준 지팡이를 짚고 살아가고 있는 것은 아닌가 하고 자신을 되돌아보는 마음이 된다. 여승 암자에서 구도하던 뛰어난 미모의 비구니 기억도 머리를 스쳐간다. 그녀를 그렇게 만든 사바세계의 사정이 공연히 궁금해지기도 한다.

(1986)

어떤 전화

일주일 남짓 외국에 출장을 가게 되었다. 출근을 했다가 공항으로 가는 도중에 자동차로 전화가 걸려 왔다. 뜻밖에 집사람의 목소리다. 집에 무슨 급한 일이라도 생겼나 했더니 사연은 별것이 아니었다. 방금 고향에서 형님이 올라오셨다는 것이다.

그래도 먼 길을 떠나는 사람인데 그런 일로 급히 연락을 해야 되는지 따지고 싶었는데 벌써 저쪽 수화기에는 형이 나와 있었다.

비교적 해외 나들이를 자주 하는 편이지만 그 때마다 시골 어머니에게는 전화로나마 길 떠나는 인사를 올리곤 하였다. 그런데 공교롭게도 이번에는 그럴 겨를도 없이 황망히 떠나는 길이었다.

형은 갑자기 올라오느라 미리 연락을 못했다며, "바쁜 사람한테 이런 의논을 해서 미안하다"는 말부터 했다. 그리고는 아무래도 시골에서 농사만 바라보고 있기가 무료하니 조그만 사업을 하나 해 보면 어떨까 한다는 것이다. 갑작스러운 이야기라 어리둥절할 뿐이었다. 형도 애초에 시외 전화로 상의하기는 거북하다고 판단해서 직접 올라온 모양이니 도대체 비행기를 타러 가는 사람이 자동차 속에서 책임 있는 답변을 할 수 있는 내용의 이야기가 아니었다. 그런 일을 왜 갑자기 서두느냐고 했더니, 마침 읍邑에 적당한 업종의 가게 하나가 났는데 금명간 결정을 해야 할 처지라는 것이다.

그렇다고 차를 돌려 집으로 향할 계제도 아니었다. 의논을 해 주는 것이 고맙긴 했지만 차에 앉은 상태로는 내용을 더 캐묻기도 곤란하고 가부를 판단하기도 어렵다. 일을 좀 늦추든지 어머니께 여쭈어 보고 결정하라고 슬쩍 몸을 사리고 말았다.

바쁜 걸음으로 비행기에 올라 한숨을 돌리고 나니, 조금 전 전화를 끊을 때 그럼 몸 성히 다녀오라던 형의 목소리가 아무래도 마음에 걸린다. 몹시 서운해 하고 허전해 하는 것같이 들렸었다. 내 짐작으로는 형이 원하는 것은 비교적 간단하고 생각하기에 따라서는 매우 수월한 일일 것 같다. 사업을 하겠으니 급히 돈을 구해 달라는 이야기도 아니겠고 사업의 타당성을 본격적으로 검토해 달라는 것도 아니다. 다만 무엇이라도 해 보아야겠다는 형의 막다른 심정을 이해하고 동정하는 말 한마디면 충분할 것이다. 또 이번에 해 보겠다는 사업이 그리 위험한 사업이 아닌 것 같다는 보증을 어머니에게 해 드리면 더욱 좋을 것이다. 그러나 내가 직접 어머니에게 말씀드릴 기회가 없다는 것을 알았으니, 그저 "그 사업은 괜찮을 것 같은데요."하고 가볍게 긍정적인 말 한마디라도 해 줄 것을 기대했을지 모른다.

그런데 그 말 한마디가 어려운 것이다. 형의 사업적인 수완을 신용하지 못하는 어머니와 형수의 얼굴이 눈앞을 스쳐 간다. 그 분들을 다시 실망시켜서도 안 되고 그런 일에 나 자신이 끼어들고 싶지도 않은 심정이다.

형과 나는 세 살 터울로 태어났다. 전부 오 남매이지만 내 밑으로는 한 터울이 더 벌어져서 인지 마치 두 형제만 자라온 것 같은 생각이 들 때가 많다.

다섯 살쯤 되었을 어느 세모의 일이다. 어머니가 몇 십리 떨어진 읍에 가서 설빔을 장만해 왔는데 내 것은 보이지 않았다. 울먹이는 나에게 어머니는 너는 동생이니까 형 옷을 받아 입어야 한다고 했다. 헌 옷은 입지 않겠다고 앙탈을 했지만, 결국 새 옷을 얻어 입지는 못했다.

거의 같은 무렵의 일이다. 울타리도 없는 이웃집에 나와 같은 또래의 계집아이가 있었다. 아침이면 언제나 나에게 소꿉장난을 청해왔다. 그 때는 내가 아빠고 저는 엄마였다. 그러나 오후가 되어 학교에 갔던 형이 돌아오면, 계집아이는 나에게 아들이 되기를 요구하였다. 아침 약속하고 다르다고 투정을 하면 새침한 얼굴을 한 그 애는 형이 있는데 네가 무슨 아빠냐고 무안을 주곤 하였다.

장난감도 내 것이라곤 하나도 없었다. 간혹 내 것이 생기는 일도 있었지만 하루를 넘기지 못하고 형의 것이 되어 버렸다. 그 대신 아무것이나 가지고 노는 것은 자유로웠다. 그러나 내가 형의 뜻을 거스를 때마다 형은 그 소유권을 무기로 내 고집을 꺾었다. 힘도 지혜도 부족했을 뿐만 아니라 부모님의 관심도 언제나 형에게만 쏠렸다.

그 무렵부터 나는 형이 잘하지 못하고 싫어하는 일들을 내 힘으로 해 내려고 기를 쓰기 시작했다. 어두운 밤 멀리 떨어진 대문을 잠그는 일이라든가 외진 변소에 혼자 가는 것 따위를 하면서 우월감을 느꼈다. 형이 추워서 학교에서 울며 돌아온 날, 형의 오버를 걸치고 저녁때 먼 시장까지 심부름을 다녀온 일이나 설음식을 마련 중인 어머니를 도와 언 발을 구르며 밤늦도록 어머니를 따라다닌 일들도 생각난다.

웬일인지 형은 자랄수록 얌전하고 수줍음이 많은 성격이 되었다. 집 밖으로 나가는 것을 싫어하고 집 안에서만 맴돌았다. 나에게는 물론이고 밑으로 세 동생에게도 더없이 곰살궂은 형이 되었다.

그러던 형이 사회생활을 시작하면서부터 매사에 의타적이

고 무기력한 사람이 되어 갔다. 취직을 해도 오래 견디지 못했고, 사업을 벌여도 늘 다른 사람만 믿다가 흐지부지 손을 들었다. 그러면서도 우리들에게 좋은 일이 생기면 자기 일같이 기뻐하고 자랑스러워하며 격려해 주었다.

좌절을 거듭하던 형은 어쩔 수 없이 낙향을 했다. 마침 아버지가 와병 중이었기 때문에 온 집안은 오히려 기뻐했다. 수년 후에 아버지는 돌아가셨고, 현재는 홀로 된 어머니를 모시고 고향 집을 지키고 있다. 예스럽게 남의 맏이로서의 책임을 다하고 있는 것이다.

그런 형이 있기 때문에 서울에 사는 우리 사 남매는 때마다 찾아갈 고향 집이 아직 있는 셈이다. 그러나 막상 형은 그 생활이 늘 불만이었고 언제나 헤어날 길을 찾고 있었던 모양이다.

이런 저런 생각을 하는 가운데 두 시간 가까이 지났나 보다. 문득 정신을 차리고 보니 비행기는 서서히 이번 여행의 첫 기항지에 착륙을 하고 있다. 대합실로 빠져 나오자마자 나는 우선 국제 공중전화 박스로 다가갔다. “아니 벌써 도착하셨어요?” 집사람의 놀란 음성이 무척 가깝게 들렸다. 그러나 형은 이미 집을 떠나고 없었다. 학교에서 돌아온 딸아이가 큰아버지에게 며칠만 놀다 가시라고 매달렸지만, 이번에는 급한 일이 있어서 안 되겠다며 곧 일어섰다고 했다. 아이들을 무척 좋아하는 분이다. 이번 일에 형이 얼마나 큰 비중을 두고 있는지를 알 것 같다.

숙소에 들면 시간을 보아 시골집으로 전화를 다시 넣으리라 마음먹었다. 그러나 무슨 말을 어떻게 해야 할지 아직도 정리가 되지 않은 상태다.

공항에는 때 아닌 진눈깨비가 내리고 있다. 시내까지는 시간이 꽤 걸릴 모양이다.

(1985)

향수鄕愁 여행

지난여름 끝 무렵에, 약 2주일 동안 중국을 다녀왔다. 이번 여행은 몇 가지 의미로 나의 오랜 향수와 관련된 것이었다.

초등학교 4학년 때의 일이다. 교생 선생님 두 분이 실습을 나와 우리 반에 몇 달간 배치된 적이 있었는데, 그 중의 한 분이 아주 호탕하고 씩씩한 분이라 며칠 되지도 않아 우리 어린 개구쟁이들의 인기를 독차지하고 말았다. 지금 생각하면 그 분은 아주 엉뚱한 구석이 있어, 우리들에게 걸핏하면 피차에 운이 좋아 사나이로 태어났으니 해야 할 일이 많다며 자신의 여러 가지 야심 어린 포부를 들려주곤 했다. 그 중에 가장 우리의 피를 끓게 한 것은 저 넓은 만주벌로 가서 말을 타고 질주하며 마적질을 꼭 한번 해 보아야겠다고 하면서, 너희들도 나의 뒤를 따르도록 하라는 제의를 한 것이었다. 그 땅은 원래 우리 조상들이 살던 곳이니 언제라도 되찾아야 할 우리의 강토라는 말도 했다. 나는 어릴 때부터 남달리 감격을 잘하는 성격이었다. 그 선생님이 실습을 마치고 떠나던 날 송별식에서 누가 시키지도 않았는데 중뿔나게 나서서, 우리들은 앞으로 공부도 열심히 하고 운동도 꾸준히 해서 반드시 크고 힘센 사람으로 자라나 언젠가 선생님의 뜻을 따라 마적이 되어 그 땅을 찾으러 나서겠다는 맹세를 했었다.

6학년 때 한국 전쟁이 났다. 전세가 엎치락뒤치락 하다가 소위 중공군이 개입해 오자 어린 소견으로 이번 기회에 이왕이면 그 만주 땅 간도라는 곳까지 처 올라가 회복을 했으면 하는 엉뚱한 기대를 잠시 품었었다. 그러나 그 전쟁은 긴 교착 상태에 빠졌다가 휴전이 되어 버렸다. 그러는 동안 나도 나이를 더 먹게 되고 철도 들게 되어, 차츰차츰 옛 조상들의 실지를 지금 와서 남의 힘을 빌려서까지 무력으로 되찾았으면 하는 바람이 얼마나 비현실적이고 황당무계한 것인가 하는 것을 깨닫게 되었고, 그런 일에 더 이상 흥미를 느끼지 못하게 되었다.

그렇다고 그 땅에 대한 동경마저 사라진 것은 아니었다. 어릴 때 마음속에 두고 그리워하던 곳이라 그런지, 어른이 되고 나서도 그 곳 이야기만 나오면 언젠가는 기필코 한번 찾아가 구경만이라도 두루 해 봐야겠다는 욕망이 끓어오르곤 했다.

대학 1 · 2학년 때 나는 정신적으로 많은 방황을 했었다.

모두가 무척 가난했고, 그 가난을 벗어날 길이 좀처럼 보이지 않던 답답한 시절이었다.

그 때의 우리 상황을 두고 생각할 때, 세칭 자유 민주주의라는 제도가 우리를 충분히 먹여 주고 입혀 주는 일에 도무지 효율적으로 기능할 것 같지 않아 보였다. 나는 그 때의 어지러운 현실이 바로 그러한 민주주의 체제의 모순성과 비능률적인 본질을 여실히 드러내 보여 주는 것이 아닌가 하는 성급한 추론을 했다.

자유와 평등이 양립할 수 없는 것이라면, 차라리 평등 쪽을 추구하는 것이 더 바른 선택이 될는지 모른다는 생각도 했다. 자연히 마르크시즘에 관심이 가지 않을 수 없었다. 그렇다고 그 것에 관한 강의를 듣거나 책을 구해 볼 수 있는 환경이 아니었기 때문에, 학교 도서관을 들추듯 해 가며 나의 지적 갈증을 풀어 줄 책을 찾아 읽었고 같은 관심을 가진 학우들과 자주 만나 긴 토론을 하곤 했었다. 그 때만 하더라도 세계 도처에서 사회주의가 승승장구로 그 세력 범위를 확장해 가고, 역사의 방향도 그러한 필연적인 발전 단계를 향해 도도히 흘러가고 있는 듯했다. 우리는 이러한 시대의 진보적인 흐름을 어떻게 좀더 바르게 인식하고 거기에 실천적으로 참여하느냐 하는 문제를 두고 무척 고민을 했었다.

그러는 가운데 나는 학적 보유 병으로 군에 입대를 했다. 머릿속에서는 이상을 찾아 헤매었지만, 내가 살아가야 할 엄연한 현실을 무시하거나 그것으로부터 도피할 수는 없었다. 군에 있는 동안 4 · 19가 일어났고 귀휴歸休를 하자마자 5 · 16이 터졌다. 나는 행인지 불행인지 격동하는 한 시기를 일반 사회와 완전히 유리된 군이라는 특수한 환경 속에서 보낸 셈이다. 군은 일정한 목적을 가진 집단의 힘이 얼마나 엄청난 것이며 거기에 속한 한 개인의 의지나 황동이 얼마나 하잘것없고 무의미하기조차 한 것인가를 가장 통렬하게 느끼도록 해 주는 조직체였다.

4 · 19가 일어나자 급진적인 학생 운동의 일선에 나섰다가 5 · 16 직후 구속되어 중형을 언도 받고 서대문 형무소에 일시 수감이 되어 있던 왕년의 학우들에게 미안한 감정을 느끼면서도, 내가 필요한 자기 공부만 하는 현실 순응형 학생이 되었던 것은 군에서 겪은 강렬한 체험을 통해 나름대로 개인의 자유가 그 무엇보다 우선 되어야 할 가치가 아닐까 생각했기 때문이다.

학교를 졸업하고 직장을 갖게 되자, 이데올로기는 나에게서 더 이상 중요한 문제가 되지 못했다. 나이가 들어 갈수록 역사의 필연적인 발전이라든가 절대적인 진리라든가 하는 말들이 갖던 매력도 급속히 감퇴해 버렸다. 도대체 어느 인간이 무슨 수로 절대니 필연이니 하는 것을 인식할 수 있으며 그 진실성을 보증할 수 있느냐는 소박한 의문 앞에 그 설득적이던 도그마가 설 자리를 잃어버렸다. 현실적으로 세계 각처에서 사회주의 체제가 시험되고 있지만, 그것이 바로 그 나라의 필연적인 형태는 아니라는 생각이 들었다. 다만 사회주의 체제에 대해서는 후진국의 경제 개발을 위한 효율적인 모델로서, 그리고 선진국의 극도로 피폐해 가는 사회를 치유할 수 있는 대체 제도로서의 유용성은 있지 않을까 하는 실용주의적인 측면의 관심만 남게 되었다. 그러나 사회주의 국가의 실체가 차츰 외부로 드러나고 알려지는 과정을 통해 그러한 기대조차 하나의 환상에 불과하지 않을까 하는 의문을 품게 되었다. 그러면서도 언젠가 한 번쯤 사회주의 국가에 가서, 젊은 날 머릿속으로 그리던 이상 사회의 현실태가 어떠한 모습을 하고 있는지 직접 내 눈으로 확인해 보고 싶다는 바람을 늘 가슴 한구석에 품어 왔었다.

이번 여행이 위와 같은 나의 오랜 두 가지 바람을 동시에 만족시켜 주는 것이었기 때문에, 자주 해외여행을 하는 처지이면서도 이번에는 떠나기 몇 주 전부터 수학여행을 앞둔 소년처럼 흥분과 기대로 들떴었다.

1주일 남짓 여름 감기로 고생을 하다가 채 낫지도 않은 상태에서 길을 떠나, 여행 중 근 열흘쯤은 몸이 아주 불편한 상태로 이곳저곳 강행군을 했었다. 그래서 그랬던지 기대했던 것만큼 감흥이 진하지도 못했고 수확도 적은 여행이 되고 말았다.

흔히 마음속으로 그리워하던 대상은 가까이서 보면 오히

려 좋던 이미지만 깨어지고 깊은 환멸을 맛보게 된다고 들 한다. 그러나 그 곳을 다니는 동안 받은 인상은 그런 평범한 사리를 새삼스럽게 깨닫게 되고 말고 하는 단순한 차원의 것은 결코 아니었다.

먼 연변 땅에 어기차게 뿌리를 내리고 싱싱하게 살아가고 있는 동족들로부터 끈질긴 민족성과 끈끈한 동포애를 느끼며, 그 땅이 비록 판도 상으로는 남의 나라에 속하나, 미국의 LA.처럼 이미 우리 민족이 터를 잡고 왕성하게 살아가고 있는 우리네 고장이라는 흐뭇한 생각도 들었다. 구주 공동체에서와 같이 장차는 어느 정부가 어느 지역까지 세금을 받느냐는 경계만 남고 전통적인 의미의 국경이 소멸될 날이 올지도 모른다.

그런가 하면 무공해의 자연 퇴비만 사용한다는 그 쪽 전원을 차로 달리자니, 풍경은 옛날 그리운 추억 속에 남아 있는 우리 농촌과 같아 반가웠지만, 더운 날씨에 차창을 열어 놓을 수 없도록 인분 향이 지독하게 풍겨 생리적으로는 매우 고통스러웠다.

계급이 없고 평등한 사회라는 그 나라 곳곳에서 많은 특권계급의 사람들과 연일 만나고, 그들이 귀한 손님이라고 불러주는 우리 앞에서도 태연스럽게 독직 행위를 하는 관리들을 자주 대하자니 마음이 서글펐다. 그러한 일반적 현상은 그 나라 국민성과 관련된다기보다는, 오랜 1당 전제라는 경직된 체제 자체로부터 연유되었으리라는 인상을 받았다. 그러고 보면, 인간의 탁상공론이 일견 아무리 정교하다 해도, 그것을 현실에 섣불리 적용하고 실천하다 보면 얼마나 엉뚱하고 허술한 결과를 불러오는 짓이 되는지, 그 생생한 예를 보는 것 같아 두려운 느낌이 들었다.

복잡한 심경으로 돌아와 보니 역시 향수는 가슴 속에 묻어 놓고 살 일이지, 함부로 그것을 풀어 보겠다고 나설 일은 아니라는 생각이 들었다.

(1990)

창 경 원

가벼운 감기 증상으로 늘 다니던 동네 의원을 찾아갔다가 느닷없이 큰 병원에 입원을 하라는 권고를 받았다. 확실하게 무슨 영문인지도 모른 채 주위의 주선으로 병실 하나를 얻어 입원을 했다. 처음에는 어안이 벙벙할 뿐 자신의 처지에 전혀 실감이 느껴지지 않았다.

뒤에 안 일이지만 오른쪽 가슴뼈 바로 밑에 뭔가 석연치 않은 조직이 만져졌던 모양이다. 그런 경우는 흔히 좋지 못한 병으로 밝혀지기가 십상이라는 것이다.

별로 이렇다 할 자각 증세가 없는데도 막상 환자복으로 갈아입고 병상에 혼자 있자니 착잡하고 불안한 기분이 엄습해 왔다. 간호사가 들어와 체온과 혈압을 재기 시작하고 밤 10시 이후에는 물도 마시지 말라는 의사의 지시도 전했다. 다음날 여러 가지 검사를 하기 위한 조치라는 것을 짐작하면서도 그 때는 벌써 중환자가 다 된 듯 암울한 심정이 되었다.

그 다음날부터 많은 검사를 받았다. 입원한 지 이틀쯤 되었을 때, 이미 걱정한 것만큼 큰 병에 걸린 것은 아니라는 판단이 나온 모양이다. 그러나 평소에 좀처럼 내기 어려운 기회이니 차제에 온몸을 샅샅이 점검해 보라는 담당 의사의 배려로 검사는 계속되었다.

극도로 긴장되어 있던 처음 며칠간을 뺀다면 육체적으로나 정신적으로 별로 시달림 없이 한 주일가량을 보낸 셈이다. 각 종 검사를 위해 식사를 조절한다거나 약을 복용하기는 했지만, 그렇게 견디기 어렵도록 고통스러운 일은 아니었다. 자연히 마음에 여유가 생기고 여러 가지 생각을 해볼 수 있는 시간이 많았다.

병실 창밖으로 창경원이 내려다보였다. 옛 궁궐로 복원 공사를 하는 중이라 불도저가 이곳저곳을 파헤치고 있었다. 유원지 때의 시설물들이 대부분 이미 철거되어 크게 변모해 버렸지만 그 곳에는 아직도 낯익은 건물과 나무들이 일부 남아 있었다.

창경원 구경은 주로 시골 사람들이 한다고 들었다. 나도 고등학교를 마칠 때까지는 시골서 자랐으니 창경원과는 본래부터 남다른 인연을 맺을 소지가 충분하였다.

대학 1학년 때는 교양학부로 찾아오는 시골 동기생들과 함께 걸핏하면 강의를 빼먹고 의대와 대학병원 구내를 가로질러 창경원을 찾았다. 그리고는 사람들이 적은 숲속으로 들어가거나 비원으로 넘어가 끊임없는 잡담으로 하루해를 보내곤 하였다. 더러는 사 홉들이 소주병을 그 당시에 가장 값이 헐한 편이었던 오징어를 안주 삼아 비우기도 하였다.

대학 2학년이 되던 이듬해 봄에는 전쟁 이후 처음으로 밤 벚꽃놀이가 부활되어 온 장안이 야단법석을 떨었다. 위락 시설이나 행사가 별로 없던 그 시절에 그것은 아주 큰 이야깃거리였다.

그 당시 나는 명륜동에서 하숙을 하고 있었다. 그 집에는 하숙생도 많았고 부엌에서 일하는 아주머니도 둘이나 되었다. 그 아주머니들도 시골 출신으로 창경원 벚꽃놀이를 몹시 보고 싶어 했다. 노골적이고 끈질긴 간청에 견디다 못해 하숙집 몇몇 동료들과 함께 가난한 주머니를 털어 그 분들을 그곳으로 모시게 되었다.

전체가 온통 들뜬 분위기였다. 아주머니들도 소녀들처럼 기세가 올랐고 급기야 는 기념사진을 찍자고 졸라 댔다. 결국 우리는 절에 간 색시꼴이 되었고, 사진사는 까만 보자기를 씌운 커다란 사진기로 마그네슘을 터뜨리며 열심히 찍었다. 그런데 그 사진 값이 당시 물가로는 엄청나게 비쌌다. 아주머니들의 성화같은 독촉을 받으면서도 그 사진을 찾기까지는 한 달 정도가 걸렸다.

그러나 그때 발휘한 그 기사도 정신으로 우리들은 주위에서 '장래성 있는 착한 학상들'이라는 칭송을 받았고 아주머니들이 매일 싸주는 도시락 반찬도 다른 학생들보다 한두 가지가 더 풍부했던 점은 지금 생각해도 별로 싫지 않은 추억이다. 그때 같이 행동한 친구 중에 둘이나 뒤에 고시 합격을 했으니, 딴은 그리 틀린 예언은 아니었던 셈이다.

그런 일이 있은 후 창경원과는 많은 공백의 세월이 흘렀다. 그 때로는 드물게 나는 재학 중에 병역을 치렀었다. 제대를 하고 학교로 되돌아왔을 때는 입학 당시의 낭만과 치기는 이미 사라져 버리고 없었다. 오랜 친구들은 물론 은근히 관심을 두어 오던 여학생들조차 벌써 학교를 모두 떠나 버린 후였고, 애송이로 보이는 후배들만 주위에 넘치니 자연 창경원 같은 곳과는 거리가 멀어질 수밖에 없었다. 졸업 후 직장을 갖고서도 몇 년간은 누구나 그렇듯이 새로운 환경에 적응하느라 여유 없는 생활을 하며 보냈다.

그러던 어느 해 봄날 토요일이었다. 정신없이 회사 일로 뛰어다니다 보니 한 여인과의 약속을 까맣게 잊고 있었다. 오후 3시 서소문에 있는 어떤 음악다방에서 만나기로 했던 것이다.

생각이 났을 때는 벌써 6시가 지난 시각이었다. 학교 선후배처럼 담담한 교제를 해 온 사이였다.

3시간이나 지났으니 여태 기다려 줄 턱이 없으리라는 생각이 들었지만 메모라도 남기지 않았을까 하고 달려가 보았다. 그런데 뜻밖에도 그녀는 그 때까지도 고집스럽게 그 곳에 앉아 있었다. 텅 빈 듯한 얼굴을 하고 있다가 내가 보이자 오히려 기이하다는 듯한 표정을 지었다. 나는 어떻게 하면 이 실수를 만회할까 하는 생각으로 다급해졌다. 여느 때처럼 음악이나 듣다가 저녁을 먹고 헤어지는 것 정도로는 보상이 안 될 것 같았다. 갑자기 창경원 밤 벚꽃놀이가 오늘부터 시작된다는 신문 기사가 생각났다. 행선지를 밝히지 않은 채 그녀를 끌고 나와 택시를 탔다. 정작 창경원에 이르러 줄을 서서 들어갈 때까지는 촌놈 취미로 얕잡아 보지나 않을까 계면쩍었다. 그러나 곧 그 안의 들뜬 것 같은 독특한 분위기가 두 사람 사이를 부드럽게 풀어 주었고 모든 일은 순조로웠다.

그때 그 곳에서 어떤 말을 주고받았던지 별로 기억에 남는 것은 없다. 다만 헤어질 때 창경원 건너 대학 병원 입구에 있는 조그만 꽃가게에서 카네이션 한 송이를 사서 그녀에게 건네 준 것만은 확실하다.

그 일이 있고 나서 두 사람은 4년간의 끈질긴 교제를 하기에 이르렀고 결국 그녀가 내 집사람이 되고 오늘날 우리집 아이의 어머니로 발전했다. 우리는 매년 밤 벚꽃놀이가 시작되면 적어도 한 번은 창경원을 찾았다. 아이가 태어나면서 그녀도 동물원을 즐기게 되었고, 그래서 기회 있을 때마다 창경원을 찾는 우리 가족의 명분도 더욱 뚜렷해졌다.

이제 그 창경원이 위락 시설로서의 기능을 새로 생긴 서울 대공원 쪽으로 넘기고 옛 궁궐 모습으로 되돌려지고 있는 것이다.

가만히 내려다보고 있자니 마치 큰 잔치가 막 파한 뒤의 적막감 같은 것이 파헤쳐진 붉은 흙더미 사이로 떠돌고 있는 것처럼 느껴졌다.

젊고 건강했던 지난날의 소중한 추억들이 담겨 있는 연고지들이 하나 둘 개발이니 복원이니 하는 명분에 몰려 낯선 얼굴로 바뀌어 가는 일은 확실히 서글픈 일이다. 10년 전쯤 동숭동의 옛 캠퍼스가 헐리고 낯선 건물이 들어설 때 느꼈던 울분이 어제 일처럼 되살아났다. 그리고 저 밑에서 한가로이 움직이고 있는 불도저가 내 지난 인생의 중요한 한 부분을 서서히 지워 버리고 있는 것 같은 아픔을 느꼈다.

나는 날이 저물어 지난날 휘황찬란한 오색 등이 무수히 빛나던 창경원 자리가 완전히 캄캄한 어둠 속에 가려질 때까지 오랫동안 내려다보고 서 있었다.

(1985)

여자 동창생

"캣이라는 분한테서 전화가 왔었어요." 아침나절 내내 아래층에서 계속된 회의를 마치고 올라오니 이李양이 웃음기 띤 얼굴로 보고한다. 언뜻 생각나는 사람이 없어 잠시 어리둥절했다. 웬 여자 분이었는데 캣이라고만 하면 잘 알 거라며 다시 전화를 하겠다고 한 모양이지만 전혀 짐작조차 되지 않으니 고약하다. 도대체 그런 앙증스러운 이름을 가진 여인이 전화를 하기에는 내 나이가 너무 어울리지 않는다.

책상 위에 놓인 오늘 하루 일과표를 들여다본다. 토요일인데도 오후까지 몇 가지 할 일이 남아 있다. 3시에는 예식장 한 곳을 들르도록 되어 있다.

초등학교 여자 동창 중에 벌써 자부를 보는 사람이 생겼다. 졸업을 한 지 30여 년이란 수월찮은 세월이 흐르기는 했지만 딸이 아닌 아들의 혼주가 된다는 것은 아직 이른 셈이다. 꼭 얼굴을 내밀기로 했었다.

누구누구가 나올까 하고 속으로 손가락을 꼽아 보는데 갑자기 한 얼굴이 떠오른다. 조금 전에 그렇게도 생각이 나지 않던 바로 '캣' 이라는 사람의 얼굴이다.

서울에서 시골 초등학교 동기들만의 모임이 이루어질 거라고는 상상도 못하며 살아왔다. 그런데 2년 전쯤 그것을 해보자는 연락을 받았다. 남자들끼리야 중고등 학교는 물론 대학까지 같은 학교를 다닌 친구도 없지 않아서 그들과는 여러 가지 기회로 자주 만난다. 초등학교 동창회라고 따로 만들어 보아도 또 그 얼굴에 그 얼굴이 되기 쉬울 것 같아 별로 기대하는 마음도 없이 모이라는 날 지정된 장소로 가 보았다.

뜻밖에도 오랫동안 잊고 만나 보지 못했던 얼굴들이 많이 모였다. 그 중에는 여자 동기도 열 서너 명이나 되었다. 우연히 길거리에서 만나면 누가 누구인지 알아볼 수 없을 정도로 변한 모습들이다. 하나같이 어디선 가 한바탕 잘 살아온 흔적이 곱게 엿보이는 마님들이 되어 있었다. 처음에는 무척 서먹서먹했지만 한참 마주 대하고 앉아 있으니 막막하게 낯설어 보이던 얼굴들에서 그래도 반가운 옛 모습의 편린들이 조금씩 엿 보이더니 어릴 때 서로 부르던 그리운 별명들이 하나 둘 머릿속에 떠올랐다.

"야, 네가 욕쟁이로구나."하면 "너는 돼지지."하는 응수가 돌아온다. 옆에 있던 수박이빨이 옛날처럼 입을 오므리며 웃는다. 그러나 참새대가리는 몇 번을 불러도 자기인 줄 모르고 다른 사람의 얼굴만 부지런히 두리번거린다. 자연히 오고 가는 이야기가 온통 옛날 추억담이 되게 마련이다.

이렇게 시작한 모임이 회를 거듭할수록 재미있게 되어 간다. 모일 때마다 옛 이야기를 털어놓다 보니 어쩌다가 이 나이가 되도록 서로 모르고 지났던 일을 비로소 알게 되거나 알리는 경우가 자주 생긴다.

막 중학교 1학년이 되었을 때의 일이다. 같은 학교에 입학을 한 초등학교 동기 중에 아주 가깝게 지낸 두 악동이 있었다. 방과 후면 언제나 셋이 모여서 동네 큰길로 나가 진을 치고 놀았다. 그때 우리들 앞에 가끔 같은 초등학교 출신의 여학생 셋이 나타나곤 했다. 비록 개구쟁이들이기는 했지만 여학생들에게는 무척 약했다. 그녀들이 멀리 보이면 갑자기 과장된 몸짓을 해가면서 큰 목소리로 떠드는 것이 고작이었다. 그러나 그녀들은 그런 우리들의 관심 표명에는 아무런 흥미도 없다는 듯이 시치미를 떼고 저희들끼리만 한참 종알거리다가 사라지곤 했다. 그래도 우리들은 그녀들이 나타나는 것을 곁눈질하는 것만으로도 흥분이 되고 즐거워 매일 길거리로 나갔다.

우리들은 중학교 1년 생답게 유치하나마 영어로 그녀들의 별명을 하나씩 만들어 붙였다. 얼굴이 검은 편인 아이는 블

랙, 키가 제일 큰 쪽은 롱, 고양이처럼 동그란 눈을 한 애는 캣이었다. 그리고 제각기 그녀들 중에 한 명씩을 자기상대로 골라잡았다. 어떻게 서로 겹치지 않고 용케 한 사람씩 나눌 수 있었는지 그 내력은 잊어버렸다. 그렇다고 각기 무슨 개별적인 행동을 해 본 적은 없다.

한번은 공동으로 그녀들에게 우리들의 비밀스러운 심정을 털어놓을 편지를 보내자는 결의를 했다. 그 글을 기초하는 일이 나에게 돌아왔다. 며칠을 두고 끙끙거리다가 엉뚱하게도 "이미 주사위는 던져졌다"는 저 유명한 시저의 말을 허두虛頭로 해서 매우 씩씩한 웅변조의 편지 한 통을 썼다. 그러나 어처구니없게도 그 주사위는 던져 보지도 못한 채 흐지부지되고 말았다. 정작 그 편지를 그녀들에게 전달할 용자가 우리들 가운데 없었기 때문이다. 결국 고양이 목에 방울을 달자는 쥐들의 의논에 그치고 만 셈이다. 정말 지지리도 못난 패거리였다.

그런 일이 있고 나니 갑자기 그녀들이 아득히 먼 구름 위에 있는 사람들같이 생각되었다. 제풀에 기가 죽은 우리들은 곧 그러한 일에 흥미를 잃게 되고 말았다.

나는 이 이야기를 지난 번 세 번째 모임에서 비로소 털어놓았다. 그 때의 세여인 중에 캣만 여전히 동그란 눈을 한 채 혼자 나와 있었는데 유감스럽게도 그녀는 우리가 만든 자기의 별명은 물론, 그런 일이 있었다는 사실조차도 까맣게 모르고 있었다. 그러면서도 그때 그 편지를 받아 보았어야 하는 건데 아깝게 되었다고 능청을 떨어 모두들 한바탕 웃었다.

바로 그 캣이 전화를 한 것이 분명하다. 그녀는 오늘 있을 친구네 혼사를 몇몇 동창들에게 한 번 더 일깨워 주는 역을 맡았을 것이다. 마침 내가 자리에 없자 전화 건 사람을 밝히는 데는 평범한 자기 본명보다는 '캣' 이라고 해 두는 쪽이 더 나으리라고 생각했을 것이다. 그녀에 대한 그 옛날 우리들의 애칭이 이제 와서 이런 식으로 구실을 하려고 드니 사람 일이란 정말 묘하다. 다시 걸려 올 전화가 기다려진다. 창밖으로 내다보이는 하늘은 어느 사이엔 가 잔뜩 흐려 있다. 문득 어느 시인의 시구 하나가 머리를 스치고 지나간다.

"인제는 돌아와 거울 앞에 선 내 누님같이 생긴 꽃이여."

국화는 이따금 나에게 지난날에 대한 아련하고 그리운 상념을 불러일으켜 준다. 오늘 결혼식장에는 그 국화 향기가 아주 그윽할 것 같다.

(1986)

9월이 오면

서른 두어 살 되었을 때의 일이라고 생각한다.

여름 내내 바쁘고 언짢은 일들이 줄을 잇는 바람에 휴가도 다녀오지 못하고 지내다가 9월 중순경 갑자기 며칠간의 말미를 잡아 고향집으로 내려갔었다. 스스로 해결을 해야 할 일들이었지만 힘에 겨운 고민거리가 쌓이기만 해서 어른들에게 상의해서 도움을 청해 볼 계획이었다. 그 전날까지만 해도 꼭 고향을 다녀와야겠다는 결심이 서지 않았기 때문에 집에 미리 연락을 하지 못했다. 버스를 타기 직전 전화를 하기는 했지만 집에서는 어른들이 나의 때아닌 귀향에 상당히 놀랐던 것 같다. 반가워하면서도 웬일이냐 하고 묻는 표정이 역력한 아버지에게 불쑥 내려오게 된 복잡한 사정부터 털어놓을 수가 없었다. 여름휴가를 너무 늦게 얻어 달리 할 일도 없기에

낚시나 하려고 내려왔다고 얼버무리고 말았다. 아버지는 내 이야기를 듣자 그 자리에서는 내려오느라고 고단할 테니 일찍 쉬도록 하라는 당부만 했다. 그런데 다음날 아침이 되자 아버지는 조반을 드는 자리에서 당신도 며칠 쉬면서 나와 같이 낚시를 하겠다는 뜻을 밝혔다. 당시 아버지 사업은 일 년 중에 9월이 비교적 바쁜 달이었기 때문에 그것은 아주 뜻밖의 일이었다.

학교를 다니는 동안에는 여름 방학이면 아버지와 자주 낚시를 했다. 그 때는 오후 한때 마을 가까이 흐르는 개울가로 가서 줄낚시를 하는 것이 고작이었는데 이번에는 서울서 일부러 내려왔으니 큰 저수지를 찾아가서 한 이틀 동안 밤낚시를 해보자고 했다. 그때 심정으로는 낚시가 그렇게 중요한 것은 아니었다.

그러나 아버지에게 여러 가지 이야기를 나누기에는 오히려 좋은 기회가 될 것 같아 한결 가벼운 기분으로 아버지 제의를 따르기로 했다. 필요한 짐을 챙겨 오후에 집을 나섰다. 한 시간 남짓 버스를 타고 나서도 다시 완만한 오르막길을 지루하게 걸어 오르고 난 후에 '회룡 못' 이라는 큰 저수지에 도착했다. 깊은 산골짜기를 흐르는 강물을 막아서 만든 인공호수로서 수면이 평지보다 상당히 높은 곳에 있었다. 낚시 자리를 잡은 곳이 그 저수지의 긴 허리 부분이라 어디에서 시작되어 어디에서 끝나는지 그 전용은 보이지 않고 대안만 가까이 보였다. 주말도 아니고 큰 도시가 가까이 있는 것도 아니라서 그런지 낚시꾼은 우리 부자를 제외하고는 한 사람도 보이지 않았다. 곧 텐트를 치고 이른 저녁 식사를 마친 후 물가에 나란히 자리를 잡고 앉아 낚시를 드리웠다.

초저녁까지는 사방이 맑게 보이고 하늘에도 많은 별들이 나타났다. 그러나 지대가 높은 곳이고 마침 환절기라 일교차가 심해서 그랬던지 곧 저수지 수면에서 안개가 자욱이 피어오르기 시작했다. 시간이 흐를수록 안개는 짙어져 밤이 이슥해 지자 온 누리가 완전히 부드러운 회색 빛 장막으로 짙게 둘러싸여 3~4미터 앞 수면 위에 떠있는 낚시찌가 칸델라 불빛에 간신히 보일 정도가 되어 버렸다. 지금 기억으로는 그날 밤에는 바람 한 점 없었기 때문에 물결도 일렁이지 않았고 풀벌레 소리도 들려오지 않았던 것 같다. 세상의 모든 것들이 어디로 말끔히 다 사라지고 짙은 안개로 둘러싸인 좁은 공간 속에 아버지와 단 둘이 남아 있는 것 같은 느낌이 들었었다. 이따금씩 잔챙이 붕어가 걸렸다. 그 때마다 낚시를 당겨 올리고 다시 물속으로 던져 넣는 소리가 놀랄 정도로 크게 들렸다.

새벽에 동쪽 하늘이 부옇게 밝아 올 때까지 어두운 안개 속에 앉아 묵묵히 낚시를 계속했다. 낮 동안은 잠을 자고 둘째 밤도 같은 식으로 날을 새웠다. 이틀 밤이나 짙은 안개 속에 앉아서 우리 부자가 어떤 이야기를 나누었는지는 지금 와서 아무리 생각해 보아도 확실히 떠오르는 것은 하나도 없다. 다만 분명한 것은 내가 서울서부터 아버지에게 의논하려 했던 것들에 관해서는 한마디도 입 밖에 내지 않았다는 것뿐이다.

어릴 때 나는 아버지가 무서워 가능한 한 근처에 가지 않으려고 하며 자랐다. 그러나 어떤 일이 계기가 되었는지는 잘 모르지만 내가 대학을 다닐 즈음부터는 아버지가 겉으로는 무섭고 엄하게 보여도 속으로는 무척 자상한 분이라는 생각을 하게 되었고, 그 때부터 나는 내 신상의 중요한 일을 대체로 아버지에게 직접 상의를 해왔었다. 그런데 그 밤안개 속의 이틀 밤 동안에는 웬일인지 이것저것 의논을 할 마음이 내키지 않았다. 아니 내키지 않았다기보다는 구차한 언어를 사용해서 굳이 이야기하고 싶은 생각이 들지 않았다는 표현이 더 정확할는지 모르겠다. 입으로 표현한 말은 적었다 해도 그 때보다 더 많은 이야기들이 아버지와 나 사이에 오고 간 적은 달리 없었던 것 같은 느낌이 든다.

그 일이 있고 난 뒤부터 나는 아버지를 나와 단순하게 혈육관계로만 맺어져 있는 사람이라고 생각하지 않게 되었다. 오히려 한 사람의 인간으로서 그리고 같은 남자로서 서로를 가장 깊이 이해하고 사랑하는 관계에 있는 분이라는 생각을 하게 되었다. 삼십 이립三十而立이라는 말이 있다. 나는 그 때부터 정신적으로 아버지에 대한 일방적인 의존 관계에서 벗어나 홀로 서게 된 것 같다.

이제 내 나이 지명知命에 이르고 아버지가 타계를 한지도 벌써 6년여의 세월이 흐르고 있다. 요 몇 년 동안은 9월만 오면 안개 속에 앉아 낚싯대를 잡고 있던 그 때의 아버지 모습이 자꾸만 떠오른다.

(1987)

개나리, 그리고 라일락

동숭동에 있던 옛 모교 캠퍼스에 관한 이야기가 나오면, 흔히 마로니에가 그 중심이 되곤 한다. 우리나라에서는 아주 희귀한 수종樹種인 데다 서울에서는 오직 그 교정에만 있다는 설도 있었기 때문에, 너도나도 그 마로니에에 대해서 특별한 관심과 애착을 가졌었기 때문인 모양이다.

그러나 나는 그 이국적인 정취가 물씬 풍기는 나무에 대해서는 별다른 추억을 지니고 있지 못하다. 싱그러운 계절인 6월 어느 날, 제7강의실에 앉아 창 너머로 작은 종 모양을 한 그 나무의 붉은 꽃들을, 졸음을 참으며 멍하니 바라보고 있었던 것 같은 불확실한 기억이 남아 있을 뿐이다.

그리 넓다고는 할 수 없었던 교정이지만, 그래도 지금 생각해 보면 꽤 많은 종류의 수목과 화초들이 있었다. 그것들은 이른 봄부터 늦가을까지 하나 둘 끊임없이 매력적인 자태의 꽃들을 피웠다. 그 많은 꽃들 중에서 아직까지 내 기억 속에 선명히 남아 있는 것은 뜻밖에도 아무 곳에서나 쉽게 볼 수 있는 개나리와 라일락뿐이다.

내가 입학을 하던 때만 하더라도 신학기가 4월 1일에 시작되었다. 입학식을 마친 뒤, 수강 신청을 하는 등, 며칠 동안 어리둥절한 기분으로 교내를 이리저리 돌아다니다가 마침 중앙도서관 정문 앞을 지나치게 되었다. 도서관 앞길에는 한편으로 죽 이어져 서 있던 생울타리에 샛노란 개나리꽃이 만발해 있었다. 그 빛이 얼마나 강렬한지 도서관 입구 돌계단까지 노랗게 물들여 놓은 것 같았다.

그때 그 계단을 선배 한 사람이 불룩한 책가방을 겨드랑이에 낀 채 천천히 걸어 내려오고 있었는데, 그 얼굴빛도 개나리처럼 샛노랗게 보였다. 나는 그때 바로 다가올 내일의 나 자신을 보는 것 같아, 서글프기도 하고 불안하기도 한 복잡한 심정으로 잠시 걸음을 멈추고 서 있었다. 대다수의 학생들이 검게 염색을 한 군복을 입고 다니며, 뭐든 배불리 먹는 것이 우선적인 과제가 될 정도로 만성적인 영양실조에 시달리던 시절이었다.

2학년이 된 해 5월 초순 어느 일요일의 일이다. 그날 하루 낮 동안 나를 만나러 대구에서 야간열차를 타고 밤새껏 올라온 친구가 있었다. 그 때는 잠시 명륜동에서 하숙을 하고 있을 때였는데 이른 아침부터 봄비가 뿌리고 있었다. 주머니 사정도 여의치 않은 나로서는 친구를 안내해서 데려가기에 마땅한 곳이 생각나지 않았다. 그렇다고 방 안에서 뭉개자니 같이 기거하던 친구의 눈치가 보여, 무작정 지우산紙雨傘 하나를 같이 둘러쓰고 하숙을 나섰다. 슬슬 걷다 보니 학교 앞을 지나게 되었다. 그 곳이 내가 다니고 있는 학교라는 것을 안 그 친구는 교내로 들어가 보기를 원했다. 찬비로 인적이 드문 교정으로 들어섰더니 축축한 공기를 타고 감미로운 꽃향기가 떠돌고 있었다. 바로 라일락 향이었다. 빗속에 연한 보라색을 띈 흰 꽃들이 흐드러지게 어울려 진한 향기를 내뿜고 있었다. 우리들은 근처에 놓인 벤치를 손바닥으로 대강 훔치고 앉아, 우산 속에서 몇 시간이나 냉기도 허기도 잊은 채 긴 이야기를 나누며 그 그윽한 향훈에 푹 잠겨 있었다.

별났던 그 친구도 지금은 지방 대학의 한 선생님이 되어 가끔 평범한 일상 소식을 전해 온다.

개나리, 그리고 라일락, 하나하나로는 아주 빈약한 꽃이지만, 나에게는 언제나 무리를 지어 강렬하게 회상되는 옛 교정의 그리운 꽃들이다.

(1990)

그 길었던 여름날

금년 여름은 서머타임 때문인지 하루하루가 유난히도 길게 느껴진다. 퇴근을 해서 곧장 집으로 들어오기라도 하는 날이면 서쪽 하늘에 해가 너무 많이 남아 있어서 당혹스럽기조차 하다.

일찌감치 저녁을 먹어치우고 방안에 들어박혀 버리기에는 어쩐지 아쉬운 생각이 들고, 그렇다고 그 때부터 무슨 일을 다잡고 시작하기에는 너무 시간이 어정쩡하다. 어릴 때 생각지도 못했던 손님으로부터 돈을 몇 푼 얻었을 때 그것을 손에 쥐고 무엇을 해야 할는지 몰라 좋으면서도 답답했던 기분과 흡사하다.

아침이 한 시간 일찍 시작되고 그 대신 오후의 낮 시간이 그만큼 늘어났을 뿐인데 하루가 엄청나게 길어진 것 같은 생각이 드니 사람의 시간 감각도 그리 믿을 만한 것은 못 되는가 보다. 결국 일찍 일어날수록 같은 하루해라도 길게 느껴진다는 이야기가 된다.

초등학교 2학년 때였다. 그러니까 지금으로부터 꼭 40년 전 일이다. 내가 다니고 있던 시골 학교에서는 여름 방학을 두 주 가량 앞둔 때부터 저학년 학생들에게 새벽공부를 시켰다. 날씨가 너무 더웠던 탓이다. 매일 아침 5시부터 8시 반쯤까지 수업을 했다.

4시 반에 어머니가 잠을 깨워 주면 세수도 하지 않은 채 반은 졸면서 미리 준비해 두었던 책 보따리를 둘러메고 새벽 별빛 아래 캄캄한 길을 달려 학교로 갔다. 희미한 전등불 밑에서 시작된 수업은 붉은 햇빛이 활짝 열린 창문을 통해 칠판을 눈부시게 비추고 나서야 끝이 났다. 와락 달려드는 시장기를 참으며 집으로 뛰어와 아침밥을 먹고 나면 9시가 될까 말까 했다.

그 때부터 이건 완전히 덤이라고나 해야 할, 마음껏 놀 수 있는 긴 하루가 다시 시작되곤 했다. 우선 매미채를 들고 새로 끈끈이 망을 만들기 위해 거미줄을 찾아 나선다. 놀라 내닫는 거미가 있으면 냉큼 잡아 꽁무니에서 거미줄을 뽑으며 골려 주다가 멀리 공중으로 던져 버리기도 한다. 아침나절에는 매미를 잡는 아이들이 많아 서로 자기 매미채 자랑을 하며 경쟁을 하다 보면 금방 열댓 마리씩은 잡게 되고, 잡힌 매미

들은 그물통 속에서 온 마을이 떠나가도록 시끄럽게 울어댔다. 그쯤 되면 매미 잡는 일에도 싫증이 나서 모두들 방천으로 몰려가게 된다. 입술이 오디 빛이 되도록 물속에서 놀았지만, 그래 보았자 시간은 별로 흐르지 않고 배만 고파 왔다.

집으로 돌아와 집안일에 분주한 어머니를 쫓아다니며 아직도 점심 먹을 시간이 멀었느냐고 묻고 또 묻다가 몇 번이나 퉁을 맞고 나서야 겨우 찬물에 만 밥 한 그릇과 장아찌 몇 쪽을 얻어먹게 된다.

점심을 먹고 나면 으레 낮잠을 좀 잤다. 그 때는 웬 파리가 그렇게 많았던지 그 등쌀에 오래 잠들 수는 없었다. 한숨을 자고 일어나도 아직 한낮이었고, 햇볕이 너무 뜨거워 길에 나가 놀 수도 없었다. 집안에 가만히 있으면 몸이 뒤틀려 애꿎은 여동생이나 짓궂게 놀려서 울려 주던지 방안에서 벽을 기대고 물구나무서기도 하며 학교에서 형이 돌아오기만 기다렸다. 형과는 마루에서 장기를 두거나 앞마당에 서 있는 큰 나무 위에 올라가 서로 소리를 지르며 영화에서 본 타잔 흉내도 냈다.

저녁때가 되면 어머니는 시장엘 갔다. 그 때마다 구박을 받으면서도 기어코 따라 나섰다. 시장에서 운수 좋게 약장수라도 만나는 날이면 신바람이 났다. 언제나 같은 노래 같은 익살이었지만 그게 그렇게도 매번 재미가 있었다.

한없이 이어질 것 같던 긴 하루해도 결국 저물기는 했다.

저녁을 먹고 나면 어둠이 깔리기 시작한다. 그래도 아직 할 일이 하나 더 남아 있다. 곧 동네 아이들이 몰려와 대문 앞에서 내 이름을 불러 댄다. 그 해는 누군가가 보스톤 마라톤을 제패한 해였던 것으로 기억한다. 아이들은 모두 다 마라톤으로 세계의 왕자가 되는 것이 꿈이었다. 달리기에는 언제나 꼴찌를 도맡아 놓았던 나도 꿈만은 야무져서 연습을 한답시고 그 아이들과 동네 길거리를 뛰어다녔다. 그 한 차례 달리기가 끝이 나야 길고도 긴 나의 하루도 막을 내리게 된다.

평생에 그 때처럼 길었던 날들은 지금까지 따로 기억되는 것이 없다.

(1987)

2부

해바라기
가장家長
눈 내리는 창가에서
잃어버린 지갑
덜렁이의 건망증
시력의 한계
자신을 안다는 일
언어의 혼란

해바라기

중학교 3학년 때의 일이다. 여름 방학이 되자 속리산 속에 있는 어떤 한적한 마을을 찾아가게 되었다. 산마을에는 외할머니가 살고 계셨다.

그런 시골까지는 정기 노선버스가 다니지 않던 시절이다. 증기 기관차가 이끄는 무개화차를 타고 일단 상주읍까지는 잘 갔으나, 그 다음부터는 차편을 얻기가 몹시 어려웠다. 하는 수 없이 그 마을 장날까지 며칠을 기다려서, 장꾼들이 세를 내어 몰고 들어가는 짐차 하나에 겨우 편승하게 되었다.

장마철이었다. 그날도 하늘은 잔뜩 찌푸리고 있었다. 떠나겠다는 시간이 지났는데도 하주荷主들은 출발을 망설이기만 하였다. 나는 짐더미 위에 올라앉아 초조하게 기다릴 수밖에 없었다.

한 시간도 더 지체한 끝에 날씨가 좀 갤 기미를 보였고, 그제야 짐차는 시동을 걸기 시작하였다. 그 때 한 여학생이 달려와 가까스로 내 옆 자리에 앉았다. 나와 비슷한 또래로 보이는 아름다운 소녀였다. 차가 제 시간에 떠나지 않기를 참 잘했다는 생각이 들었다. 소녀는 커다란 캔버스와 이젤을 들고 있었다.

백 리가 넘는 험한 산길을 달리는 동안 우리들의 짐차는 퍼붓는 비를 두 번이나 만났다. 그 때마다 차는 멈추었고, 사람들은 길갓집 처마 밑으로 들어가 비가 멎기를 기다렸다. 그러나 그 시간이 지루하거나 짜증나지 않고 오히려 즐거웠다.

나는 한 번도 소녀의 얼굴을 정면으로 바라보지 못했고, 말을 걸어 볼 숫기는 더욱 없었다. 그저 가까운 산봉우리들 사이로 느릿하게 움직이는 비구름과 낡은 초가 지붕에서 세차게 떨어지는 황갈색 낙수를 지켜보면서 속으로만 들떠 있었다.

우리의 목적지인 시골 장터에 도착했을 때에는 파란 하늘이 구름 사이로 조금씩 보이고 있었다. 차에서 내린 우리들은 인사 한마디 없이 헤어지고 말았다.

그 뒤 일주일 동안 나는 그 마을에서 꿈과 같은 나날을 보냈다. 외할머니를 뵈러 간 주제에 할머니 곁에는 잠시도 붙어 있지 않고, 밥만 뚝딱 해치우고 나면 부랴부랴 밖으로 뛰어나왔다. 행여나 그 소녀를 만날 수 있을까 하는 막연한 희망을 안고 여기저기 돌아다녔다.

때로는 책을 들고 늙은 밤나무들이 우거진 숲속으로 들어가 자리를 잡기도 하였다. 그 곳에는 맑고 깊은 개울이 흐르고 있었고, 여기저기 덤불 속에 이름 모를 들꽃들이 피어 있었다. 소나기처럼 줄기찬 매미 소리를 귓전에 들으면서 나는 줄 사람도 막연한 꽃다발을 한 아름씩 만들곤 하였다.

해가 기울면, 마을이 한눈에 내려다보이는 고갯길로 올라갔다. 저녁연기가 집집마다 피어올랐다. 피를 토하는 듯한 울음을 울며 까마귀가 붉은 노을이 짙게 물든 서쪽 하늘을 향하여 날아갔다.

어둠이 내리면 산골은 안개가 자욱했다. 개구리 소리만 요란한 짙은 회색 장막 저쪽에서 이따금 반딧불이 희미하게 나타났다가 이내 사라지곤 하였다. 나는 보일 듯 말 듯 어렴풋이 서 있는 가로수를 따라서 마을로 발길을 돌렸다.

마을 어귀에는 초가로 된 교회가 있었다. 열린 창문으로 램프의 흐린 불빛과 함께 마을 사람들의 기도 소리가 조용히 흘러나왔다. 나는 교회 밖에서 그 속에 소녀가 있으리라는 막연한 기대를 품고 한동안 서성거리다가 결국 아무런 시도도 해보지 못한 채 집으로 돌아왔다.

어느 날 오후, 텅 빈 초등학교 교정 한구석에서 나는 그녀를 보았다. 소녀는 껑충하게 서 있는 해바라기를 열심히 그리고 있었다. 먼발치에서 그녀의 모습을 발견한 순간, 나는 오히려 당황해서 발꿈치를 돌리고 달아났다. 그러고 나서 곧 후회를 하며 그러한 자신에 대해서 실망과 좌절감을 느꼈다.

산마을을 떠나서 집으로 돌아왔을 때, 그 곳에서 보낸 나날이 꿈속에서 경험한 세계처럼 아련하고 신비스럽게 느껴졌다. 나는 오랫동안 산속에서 잠을 자고 돌아온 리프 반 윙클이라도 된 것 같은 기분이었다. 세상이 온통 변한 것 같았다. 나는 무엇인가 크게 결핍된 듯한 막연한 불만감에 사로잡혔고, 그때까지 중요한 것으로 여겨 오던 주변의 일들이 모두 시시하고 서글프게만 보였다.

근년에 우연히 그 소녀의 이야기를 다시 들을 기회가 있었다. 새로 가정부로 들어온 아주머니가 마침 그 산마을 출신이었던 것이다. 여러 가지로 궁금한 점이 많았으나, 노골적으로 관심을 표명하고 꼬치꼬치 캐물을 처지는 아니었다. 다만 단편적인 정보를 조금씩 얻어낸 것이 고작이었는데, 아주머니가 전한 것은 성숙한 부인으로 시골서 유복하게 살아가고 있는 그녀의 이야기였다.

그러나 내 뇌리에 어른거리는 것은 여전히 그 옛날의 청초한 소녀 모습뿐이었다. 해바라기를 열심히 그리던 단발머리 소녀의 모습이 잠시 어렴풋이 떠올랐다. 좀더 확연한 상像을 잡으려고 지그시 눈을 감고 옛 기억을 더듬었다. 그러나 그녀의 뚜렷한 모습은 도무지 떠오르지 않고 엉뚱한 사람의 모습이 짓궂게 그 앞을 가로막았다.

(1984)

가장家長

"아빠, 천재란 말이 있지? 그게 무슨 말이야?" 초등학교 4학년 딸아이의 느닷없는 질문이다. 마침 조간신문을 들고 식탁 앞에 앉아 있던 참이었다. "응, 그건 '재' 자가 재주 '재' 자라면, 선천적으로 남달리 우수한 재능을 타고난 사람이란 뜻이지." 오래간만에 이 아빠에게도 모르는 것을 묻는다 싶어 자상하고 진지하게 대꾸를 하노라고 했다. "피-, 누가 그걸 모른담. 이건 난센스 퀴즈야."한다. "그렇다면, 글쎄 모르겠는걸." 했더니 깔깔거리면서 그건 천하에 재수 없는 사람을 일컫는 말이란다. 맹랑하다는 요즘 애들 사이에 돌고 있는 말장난인 모양이다. 그럼 바보는 뭐라고 하느냐고 했더니 득의에 찬 표정을 지으며 "그건 바다의 보배지."한다. "얘는 아침부터 아빠에게 웬 농이냐?"하며 아침상을 보고 있던 집사람이 참견한다.

아침부터 아빠에게 농담쯤 하는 것이 문제가 아니다. 요즘 같이 가장의 권위가 바닥 모르게 실추한 것은 비단 우리 집뿐만이 아닐 것이다. 도대체 텔레비전이란 것이 틀려먹었다. 하고많은 날 기껏 비친다는 것이 마누라 앞에서 오금을 못 쓰는 공처가의 거동이거나 아이들에게 지나치도록 고분고분한 반편이 같은 부모의 몰골이다. 그건 그래도 과장된 희화니까 그러려니 한다. 더 심각한 문제는 다른 곳에 있다.

옛날에는 밖에 나가 뛰어다니며 일가를 먹여 살리던 가장이 주로 집안에서 소일하는 식솔들과 다른 점이 있었다면 세상 돌아가는 소식이나 물정에 밝은 것이었다. 그런데 요즘은 텔레비전 때문에 그것이 역전되어 버렸다. 뉴스라고 세상에 별의별 시시콜콜한 일까지 죄다 주워섬기고 게다가 해설이라며 미주알고주알 곁들인다. 집에 앉아서 텔레비전을 느긋하게 들여다볼 짬이 없는 쪽이 모든 일에 어둡고 뒤진다.

형편상 접대 술을 마셔야 하거나 쌓인 울분을 푸느라고 홧술이라도 밤늦도록 들이키게 된 다음날이면 간밤에 미국이 띄운다던 우주선이 예정대로 떴는지 프로야구에서 어느 팀이 이겼는지 하찮은 소식까지 오히려 이쪽에서 묻게 된다. 그만 일이야 어떠랴 만 심지어 나라 안팎의 경제 동향에 이르기까지 풀이해 듣는 경우가 많다. 그러나 그것들은 물론 언제나 판에 박은 듯한 그 즈음 유행하는 견해요, 설들이다. 그래서 군소리라도 할라치면 이건 은근히 가장의 식견이 빈곤한 소치이거나 비뚤어진 성격 탓으로 돌리는 것 같다.

옛날과 달리 여자들이 교육을 많이 받는 것도 가장에 대한 신망을 끌어내리는 데 큰 몫을 한다. 공부하는 아이 곁에 붙어 앉아 거들어 주는 엄마가 모르는 게 좀 있어야 아빠가 나설 차례가 돌아올 텐데, 그런 기회란 '가뭄에 콩 나기' 가 아니라 아예 '아니 심은 밭에 콩 나기' 이다. 고작 아빠의 능사라고는 고약한 술 냄새나 풍기며 밤늦게 돌아와 이웃 부끄럽게 영문 모를 큰소리나 치고 흘러간 유행가 가락이나 엉터리로 흥얼거리는 짓이니 도무지 본받을 데가 없는 존재다.

아파트에서 나서 아파트 단지 내에서만 자라난 딸아이는 먹고 입고 사는 것이 수고를 해야 얻어지는 것임을 모르는 눈치다. 우리 어릴 적과는 달리 아침저녁 밥을 얻으러 오는 거지를 보지 못했으니 고만고만하게 먹고 사는 것이 고마울 리 없다.

아이는 무엇이 갖고 싶어도 아빠한테 조르는 법이 없다. 엄마가 언제나 잘난 얼굴을 하고 원하는 것을 사 주는 결정권을 시원시원 행사하기 때문이다. 누가 그 돈을 이 집에 벌어들였는지 하면서 그 때마다 나서서 공치사를 하는 것도 가장으로서 얼굴이 서는 일이 못 된다. 내가 어느 날 갑자기 없어지기라도 해 봐야 이 집을 지탱해 온 힘이 누구에게 있었는지 알게 되리라 싶기도 하지만, 그런 경우야말로 가장인 자신이 가장 두려워할 일이고 보면 감히 입에 담을 노릇이 아니다.

결국 아내와 딸 앞에 아직도 자신이 있다고 할 것은 남자의 완력뿐이다. 그러나 이 편리한 세상에서 아빠의 육체적 힘을 보여 줄만한 일이 집안에는 별로 남아 있지 않다. 옛날 한 트럭분의 장작을 한나절에 패 치우시던 아버님의 모습이 지금도 외경의 염과 함께 회상 되지만, 가스레인지 시대에 장작 같은 것은 이미 볼 일이 없다. 불이든 물이든 원하는 대로 시쳇말로 원터치면 끝난다. 혹 힘에 부치는 일이 생기면 전화 한 통화로 해결해 버린다. 그런 일에 가장이 선불리 끼어드는 것은 현명하지 못하다. 공연히 용을 쓰는 것은 식구들 눈에 오히려 측은하게 보일 테니까 말이다.

주말이 되면 시멘트로 사방이 꽉 막힌 집안에 두 식구를 남겨두고 혼자 골프를 치러 나간다. 그럭저럭 시작한 지 여러 해가 되고 보니 솜씨가 제법 늘었다고 스스로 믿게 되었다. 저녁에 돌아와서 관심도 가져 주지 않는 아이에게 적당히 과장을 해 가며 그날의 전적을 뽐내 본다. 그러던 어느 날 스포츠 뉴스를 보고 있던 아이가 물었다. "아빠, 골프 핸디가 얼마라고 했지?" "일곱이지, 싱글이란다." "그럼 한 번 도는 데 얼마를 치는 거야?" "79나 80 정도지." 제법 자랑스럽게 대답을 하다 보니 분위기가 좀 이상했다.

아이가 보고 있던 화면에 골프 신이 지나갔다는 생각이 났다. 아니나 다를까, "오늘 학생 골프 대회에서 고등학교 오빠들이 73~4를 쳤다는데 아빠는 왜 고작 그거야?"한다. 그 이후 얼마 동안은 아이 보는 앞에서 골프 용구를 챙기는 일조차 면구스러워졌다.

오늘 아침 식탁에는 작은 굴비 한 마리가 올라왔다. 굴비 알은 내가 좋아하는 것이다. 그런데 딸아이도 그것을 좋아한다. 드물게도 아빠를 닮았다는 구석이다. 아이는 당연하다는 태도로 엄마가 골라 집어 주는 알을 먹고 있다. 어렸을 때 아버님 진지 상 위에 놓인 찬들을 곁눈질하다가 얼떨결에 맨밥만 삼키곤 하던 생각이 났다. 뭐라고 한 마디쯤 해주어야겠다고 생각하면서도 먹는 것과 관계되는 일이라 가장의 체모를 잃지 않고 할 수 있는 핀잔이 없을까 궁리하다가 불쑥 한다는 말이 "얘, 넌 바보를 참 좋아하는구나?"했다. 아이는 잠시 어리둥절하는 것 같더니 이내 "응, 그래 난 바다의 보배를 좋아해."하면서 젓가락으로 굴비를 가리켰다. 그러자 집사람이 "아빠도 바보를 좋아하시니 이 알 좀 남겨 드리자."하며 손으로 입을 가리고 웃는다.

(1983)

눈 내리는 창가에서

호텔 커피숍에 앉아서 커다란 유리창을 통해 장충공원 쪽을 내다본다. 언제부터 시작했는지 눈이 자욱하게 내리고 있다. 어지러운 눈발 사이로 저물어 오는 저녁 어스름 속에 아직도 묵은 눈을 그대로 이고 있는 남산이 더욱 희고 흐릿하게 다가서 보인다. 이 정도 눈이면 집으로 돌아가는 길이 꽤 막힐 것 같다. 또 내일부터 며칠 동안은 녹다가 얼다가 하는 지저분한 눈 때문에 보도는 미끄럽고 질척거릴 것이다. 짜증스러운 생각이 일면서도 어지럽게 휘날리고 있는 눈송이들을 가만히 바라보고 있자니 불현듯 가슴 한 구석이 아련하게 설레어 오는 것을 느낀다.

나에게도 이렇게 눈이 오는 날이면 공연히 즐겁고 어디선가 멋있는 일이 나를 기다리고 있을 것 같아 한없이 쏘다니고 싫었던 시절이 있었다. 더구나 눈이 펑펑 내리는 밤이면 방안에만 얌전히 들어박혀 있는 것이 무슨 큰 손해라도 보는 일처럼 안타깝게 여겨져 안절부절 못하던 때가 있었다. 그렇지만 별 볼일도 없이 눈 오는 밤거리를 이리저리 헤매고 다닐 정도로 로맨틱하지는 못했다. 언제나 마음만 간절했지 정작 행동으로 옮기기에는 젊은 날에도 혈기가 다소 부족했던 것이 아닌가 생각한다.

그 감격하기 좋아하고 정감이 넘쳐 나던 시절에는 눈 내리는 밤처럼 내 마음을 온통 사로잡아 설레게 하는 것들이 많았다. 그러한 것들 가운데 가장 강하게 나를 압도했던 것은 역시 사람과의 만남이었다.

그러나 그런 만남은 언제나 눈처럼 덧없는 것이었다. 이렇다 할 형태를 갖춘 행동이 따르지 않는 정열은 어느 날 기적처럼 왔다가 어느덧 하염없이 스러지곤 하였다. 지금 와서 생각하면 도시의 길 위에 내린 눈처럼 진흙탕이 되어 오랫동안 내 마음 속에서 질척거리며 남아 있지 않은 것이 오히려 잘된 일 같기도 하다.

어느 여학생의 방이었다. 옆얼굴을 하고 웃으면 입술꼬리 부분에 새하얀 이빨과 함께 살짝 드러나 보이던 복숭앗빛 잇몸이 유난히도 아름답던 소녀. 그녀가 무릎 위에 놓인 명곡책을 이리저리 뒤적이며 코로 나지막하게 노래를 흥얼거리고 있는데, 나는 다 떨어진 중학 교모를 쓴 채 어색한 자세로 앉아서 엉뚱한 상념으로 가슴이 설레고 있었다.

그때 느닷없이 새쭉한 얼굴을 한 그녀가 "이건 모욕이야, 이 걸 어떻게 생각하니?"하며 내 앞으로 보던 책을 편 채 불쑥 내밀었다. 놀라서 들여다보니, '여자의 마음' 이란 활자가 눈에 들어왔다. 가극 리골레토 중의 유쾌한 아리아다. 재빠르게 할 말을 찾지 못해 머뭇거리고 있는데 그녀가 여자의 마음은 갈대와도 같다고 한 그 문제의 책장을 '쫙' 하고 단숨에 찢어 버렸다.

감격적인 순간이었다. 바로 그러하던 그녀가 고작 몇 달이 지난 뒤 어설프게도 고교 입시에 일차 낙방을 하자 일방적으로 절교를 선언해 왔다. 그러나 그런 어처구니없는 그녀의 거조擧措가 그 때의 그녀와 조금도 모순되게 느껴지지 않았다. 다만 이 모든 불행이 그녀가 평소에 자기 두뇌 자랑을 너무 하도록 은근히 조장한 나의 한 치 앞도 못 내다보는 우둔함에서 비롯된 것이라고 스스로 원망했을 따름이었다.

어떤 가을날, 동화사桐華寺에서 내려오는 한적한 산길에는 등성이마다 들국화가 무리를 지어 바람에 흔들리고 있었다. 까마득히 높은 하늘에는 작은 조각구름들이 서서히 붉게 물들어 가는데 한쪽으로는 하얀 얼굴을 한 달이 떠오르고 있었다. 버스 정류장이 있는 산 아래 마을로 가는 길을 걸으며 나는 그 길이 영원히 마을에 이르지 않기를 얼마나 열망했던가? 그때 내가 누나라고 부르던 그 분도 아침나절 산길을 오를 때와는 달리 시무룩한 얼굴빛이 되어 있었다. 그것이 무엇을 가져올지도 또 그러한 것이 무엇을 의미하게 될는지도 잘 모르면서 나는 마지막 버스가 이미 마을을 떠나가 버렸기를 또한 얼마나 기구했던가?

달리는 버스 차창으로 이제는 높이 솟아 밝게 비치는 달을 올려다보며 우리가 돌아가고 있는 곳이 그 달이 지도록 닿지 않을 멀고 먼 곳이기를 얼마나 갈망했던가? 그러나 그 해 겨울 눈이 깊이 내린 어느 날 텅 빈 가슴으로 그녀의 집을 돌아나와 어디로 걸음을 옮겨 놓아야 할지 몰라 나는 한동안 저물어 오는 길거리에 망연히 서 있었다. 귀에는 그녀의 행복해하던 웃음소리가 끊임없이 울려 왔다. 고등학교 2학년생의 가슴 속에 군림하던 여신의 갑작스러운 결혼 선언은 뭘 어떻게 해볼 수도 없이 감내해야 할 슬픈 충격일 뿐이었다.

밝은 웃음을 띤 아가씨가 다가와 내 앞에 놓여 있던 빈 잔에 다시 갓 끓인 커피를 하나 가득 채워 준다. 구수한 향기가 새삼스럽게 피어오른다. 잔을 들어 입으로 가져오면서도 이걸 또 다 마시면 어김없이 오늘 밤도 잠이 잘 오지 않을 것이란 생각이 걱정으로 변한다.

요즈음 부쩍 새벽 서너 시까지 잠들지 못하는 밤이 잦다. 다음날 아침부터 바쁜 일이 줄을 서 있는 밤일수록 쉽게 잠들지 못한다. 어쩌다가 요행히 일찍 잠든 날도 자정 경이면 잠이 깨어 새벽녘까지 뜬눈으로 지새곤 한다. 잠을 설치고 나면 하루 종일 정신이 맑지 못하고 몸이 무거워 거북하지만, 그렇다고 해야 할 일을 못할 정도로 심각한 것은 아니다.

별다른 걱정거리가 있어서 오지 않는 잠도 아니고 보면 그 시간을 마냥 허무하게 보내는 편도 아니다. 음악도 탐욕스럽게 듣고 책도 본다. 그리고 이런 저런 일들에 대해서 평소에 부족했던 사색을 해 보기도 한다. 그러고 보면 오히려 낮 동안 정신없이 뛰어다니다가 밤이 되면 곧바로 깊은 잠으로 곯아떨어질 때보다 하루하루를 더 충실하게 살아가는 것 같은 기분이 들기도 한다.

누구에게 물어 보아도 그럴 때가 된 내 나이 탓이라고들 하니 특별히 신경을 쓸 일도 아니라고 마음을 편하게 갖지만, 며칠씩 잠 못 자는 밤이 계속되면 우울해질 때도 있다.

오늘 같은 날은 어쩐지 푹 잠들고 싶다. 그러나 오후에는 마시지 않던 커피를 눈 때문에 너무 많이 마신 셈이다. 내친 김에 술친구나 불러내볼까 하고 보니 자신이 생각해도 너무 산문적인 충동이다.

어느 사이엔가 실내 조명이 한결 밝아져 있다. 창 밖의 원경은 거의 보이지 않고 다만 창으로 새어 나간 불빛 속에 흩날리고 있는 눈송이들만 더욱 수선스럽게 보인다.

(1987)

잃어버린 지갑

일주일 예정으로 일본 나들이를 하게 되었던 지지난주 초의 일이다.

오후 2시 비행기를 타게 되어 있었다. 회사 일을 보고 12시가 훨씬 넘어서야 짐을 꾸리기 위해 부랴부랴 집으로 돌아왔다. 아내가 이미 필요한 물건을 대충 가방 속에 챙겨 놓고 있었다. 이제 여행자 수표가 든 지갑만 가지고 떠나면 된다. 그런데 그 지갑이 늘 보관되어 있는 자리에 없었다. 따로 준비한 현찰이 좀 있기는 했으나, 그것만으로는 노자가 빠듯한 형편이다.

아내를 들볶으며 있을 만한 곳을 마구 뒤지다 보니 집안은 온통 수라장이 되었다. 그러나 물건은 좀체로 보이지 않았다. 출발을 늦출 사정이 아니었으므로, 결국 지갑을 찾지 못한 채 공항을 향해 집을 나서야 했다. 아내는 무슨 죄라도 지은 듯 불안한 표정으로 인사도 제대로 못했다.

목적지에 도착하여 여사에 들자마자 집으로 전화를 넣었다. 아내는 지금까지 아무리 찾아보아도 나타나지 않는다며 목소리에 힘이 없었다. 집에서 살림을 한다는 여편네가 남편 여행용 지갑 하나 제대로 간수할 줄 모르다니 하면서 고함을 치고 싶었다. 다시는 집에 돌아가지 않을 결심이라면 한바탕 기세 좋게 해볼 만한 일이다. 그렇지 않고 보니 뒷감당할 일이 귀찮아 참기로 하였다.

전화를 끊고 곰곰이 생각해 보았으나 도무지 알 수 없는 일이었다. 식구는 단출하고 바깥사람들의 출입이 드문 집안이니 물건이 없어질 까닭이 없다. 오래 전부터 일하러 다니는 아줌마가 한 분 있기는 하지만 남의 물건에 손을 댈 사람이 아니다. 그밖에 드나든 사람을 떠올려 보기도 했지만 의심이 갈 만한 사람은 하나도 없었다.

내가 어디엔가 넣어 두고 그 사실을 까맣게 잊어버렸을 수도 있다. 그러나 내 손이 갈 만한 곳은 모두 찾아본 셈이다. 양복 주머니는 물론이요, 옷장 서랍까지 모두 찾아보았다고 했다. 아내가 어디에 넣어 두고 잊었을 가능성도 생각해 보았다. 그러나 그녀는 아직 한 번도 건망증 증세를 보인 적이 없다. 딸아이는 남이 한 일까지 한번 본 것은 잊는 법이 없다. 적지 않은 돈이 없어졌다는 사실 그 자체보다는 생길 수 없는 일이 생겼다는 사실이 나를 더욱 우울하게 하였다.

역시 나의 건망증에 책임이 있는 것이 아닐까 하고 다시 한 번 반성해 보았다. 사실 근래의 내 건망증은 보통사람보다 좀 심한 편이다. 아내에게 비밀로 해야 할 물건이 생기면 흔히 서가의 책갈피나 책 케이스 속에 감춘다. 여러 가지로 궁리를 해서 필요할 때는 금방 생각이 나게 될 곳에 둔다고는 했는데, 뒤에 정작 찾으려고 하면 전혀 생각이 나지 않는다. 언젠가는 숫자로 맞추어서 열게 마련인 가방을 잠갔다가 그 번호를 잊어버려 1년 동안이나 못 연 적도 있다. 그러고 보니 이번 지갑 일도 그 탓일 가능성이 크다. 내가 어떻게 한 것이라면 집안 어디에선가 나와야 마땅하다. 여행할 때 이외에는 내가 그 지갑을 집 밖으로 가져간 일이 없다는 것만은 틀림없는 사실이다. 평소에 주부가 내 주위의 귀중품을 눈에 뜨이는 대로 잘 간수해 왔다면 이번 같은 일은 일어나지 않았을 것이다.

일본에 머무는 동안에 그 뒤에도 집으로 전화를 걸 기회가 몇 차례 더 있었다. 그 때마다 지갑 출현 여부를 묻고 싶은 마음이 간절했으나 꾹 참았다. 아내 쪽에서 아무 말 없으니 물어보나마나 나오지 않은 것이 분명했다.

그 지갑 일은 아주 잊기로 했다. 집에 돌아가도 그 일로는 내색하지 않으리라고 다짐했다. 김포 공항에 내려서 집으로 들어오는 동안에도 줄곧 그렇게 마음을 먹었다. 그러나 집에 도착하여 아내의 얼굴을 대하자마자 공연히 부아가 끓어올랐다. 이치로 따져서 설명할 수 없는 심리 작용이다. 아내 쪽에서도 시무룩한 표정으로 입이 삐죽이 튀어나왔다. 일주일 만에 여행에서 돌아온 가장이 좀 화난 얼굴을 하고 퉁명스러운 언동을 했다 하더라도 같이 성을 내는 것은 아내가 취할 도리라고는 생각되지 않았다. 그 뒤로 오늘까지 냉전이 계속 되었다.

막 퇴근을 하려고 하는데 아내로부터 전화가 걸려 왔다. 지갑이 서재에서 나왔다는 말만 짤막하게 전하고는 톡 전화를 끊어버렸다. 나는 계면쩍게 되었다는 생각을 하며 집으로 왔다. 평소보다는 상반신을 훨씬 뒤로 젖힌 채 현관문이 열리기를 기다렸다. 문이 빠끔히 열리더니 눈을 잔뜩 흘긴 아내의 얼굴이 나타났다. 오른손이 뒤통수로 올라가려고 하는 것을 가까스로 멈추었다. 이럴 때일수록 가장의 위신을 지켜야 하는 법이다. 헛기침을 한번 하고 문을 들어섰다. 딸아이가 나와서 있다가 "아빠, 이제 기분이 좋아지셨겠네요?" 하며 웃는 얼굴을 보인다.

당분간 궁금하더라도 입을 다물 심신이었다. 그러나 인방에서 옷을 갈아입다가 도와주고 있는 아내에게 지갑이 서재 어디쯤에서 나왔느냐고 묻고 말았다. 한 구석에 어지럽게 쌓여 있던 책 더미를 정리하다가 발견했다는 대답이었다. 최근에 내 방에서 나간 책들 가운데 섞여 있었던 모양이다. 아내는 웃는 얼굴로 다시 한 번 눈을 흘겼다. 그것은 일주일이나 계속되어 온 냉전을 끝내겠다는 신호인 셈이었다. 어깨를 한

번 들먹여 보이고는 내 방으로 들어갔다. 말끔하게 정리된 책상 위에 까만 지갑이 달랑 놓여 있었다.

(1985)

덜렁이의 건망증

어머니는 내가 어릴 때부터 찬찬하지 못하고 매사에 덜렁거리는 것이 탈이라고 한다. 아기 때는 마루 위에서 놀다가도 툭하면 뜰로 굴러 떨어졌단다. 한 번은 세발자전거 위로 떨어져 면상을 크게 다치기까지 한 모양이다. 그때 생겼다는 흉터가 비록 희미하기는 하나 지금도 이마 한 구석에 남아 있다. 어머니는 아직도 강가에 애를 세워 놓은 것 같다며 기회가 있을 때마다 침착하지 못한 자식 걱정을 한다.

그런데도 나 자신은 줄곧 스스로를 그렇게 덜렁이라고 생각해 본 적이 없다. 무슨 일에든 한번 정신이 팔리면 옆에서 굿을 해도 모를 정도로 집중을 하는 성격 때문에 받게 된 오해라고 생각해 온 것이다. 가령 책을 볼 때는 옆에서 누가 웬만큼 큰 소리로 불러서는 못 알아듣는다. 머리라도 한번 쥐어

박혀야 정신이 든다. 그러다 보니 한창 자랄 때는 심심찮게 실수를 해 온 편이다.

무슨 생각을 골똘히 할 때는 혼자서 소리를 내며 중얼거리기도 했고 길을 걷다가 느닷없이 전봇대에 부딪치기도 했다. 한번은 아침부터 뭔가에 정신이 팔려 싸놓은 도시락 대신에 형의 두꺼운 영어 사전을 가방에 챙겨 넣고 학교에 갔다 점심을 굶은 적도 있었다. 나의 이러한 실수들을 주위에서는 단순히 내가 주의가 산만하고 덤벙거리기 때문에 저지르는 것으로 보아 넘기는 것 같아 언제나 불만스러웠다.

그런데 최근 몇 년 사이에 내 생각도 좀 달라졌다. 나이 탓인지 건망증이 심해졌다. 외곬으로 빠지는 성격에 건망증까지 곁들여지고 보니 이제는 덤벙거린다는 말만으로는 오히려 표현이 부족할 정도로 터무니없는 실수를 하고 다니는 꼴이 되었다.

작년 여름에 가족과 함께 로마에 갔을 때, 공항에서 버스를 타고 시내로 들어갔다. 데르미니 역 부근에 내려서 준비해 간 지도를 보니 예약한 숙소가 아주 가까운 데 있었다. 우리나라 같으면 분명히 기본요금밖에 나오지 않을 거리였다. 부담 없는 마음으로 택시를 탔다. 호텔에 도착해 보니 어찌 된 영문인지 우리 돈으로 치면 8천5백 원이나 되는 요금이 택시미터기에 나와 있었다. 타기 전에 흥정을 했어야 될 일이었다. 헛일인 줄 알면서도 항의를 해 보았더니 그 때까지 곧잘 영어로 대화가 통하던 운전사가 갑자기 내 영어를 전혀 못 알아듣겠다는 시늉만 했다. 화가 나서 큰소리로 야단을 친다는 게 아내가 웃기에 깨닫고 보니 우리말로 호령을 하고 있었다.

그러고 나니 이탈리아가 갑자기 불안해졌다. 내 지갑에는 다음 여행지를 돌아 집에까지 가야 할 노자가 들어 있었다. 일본에서 산 여행 안내서에는 친절하게도 이탈리아에서는 호텔 방 안에 가방을 둘 때는 자물쇠를 잠그지 말라는 충고가 쓰여 있었다. 잠가 두면 가방이 송두리째 없어진다는 것이다. 돈을 호텔에 설치된 귀중품 보관함에 넣어 두려고 하니 빈 것이 없다고 했다. 역시 다른 여행객들도 나같이 그냥은 안심이 안 된다고 생각하는 모양이었다. 나는 더한층 신중을 기하기로 했다. 잠자리에 들 때 지갑을 베개 밑에 넣은 것이다.

그 다음날은 아침 일찍 나폴리 행 관광버스를 타기로 되어 있었다. 예정된 시간에 비해 조금 늦게 일어난 우리들은 서둘러 버스 출발 지점으로 갔다. 버스에 올라 차가 떠나기를 기다리고 있는데 아내가 "우리 뭐 사 주실 돈은 든든히 갖고 가시겠죠?"하고 평소에는 잘하지 않던 농담을 걸어 왔다. "그야 물론이지." 하고 주머니를 두드리다 보니 지갑이 만져지지 않았다. 아침에 일어나 급한 김에 정신없이 그냥 나온 것이었다. 흔히 방 청소를 하는 사람에게 주는 팁은 베개 쪽에 놓는다고 했다. 설마 그 많은 돈을 전부 팁이라고 생각하지는 않겠지만 상대는 큰 가방도 간혹 실례한다는 이탈리아 사람이다. 이미 시간은 버스가 떠난다는 8시가 가까워지고 있었다. 얼굴이 하얗게 질린 모녀를 차 위에 남겨 두고 허둥지둥 뛰어 내렸다. 어떻게 겨우 설득을 해서 관광회사 마이크로버스를 얻어 타고 호텔로 달려갔다. 다행히 지갑은 베개 밑에 그대로 있었다. 아직 청소를 하기에는 조금 이른 시간이었던 것이다.

숨 돌릴 사이도 없이 되돌아와 보니 버스는 출발을 20분이나 지체하면서 나를 기다리고 있었다. 승객들에게 미안하다는 시늉을 하고 내 자리를 찾아 앉자 버스는 바로 출발했다. 아내와 딸아이 얼굴에 금방 생기가 되살아난 것 같았다.

겨우 한숨을 돌렸다고 생각하는데 분명히 아침부터 목에 걸고 다녔던 카메라가 보이지 않았다. 정신없이 뛰어다니다가 무심결에 어딘가 벗어 놓고 온 모양이었다. 비싼 카메라는 아니지만 쉽지 않은 여행을 나와서 사진도 찍지 못하고 돌아가면 뒷날 두고두고 마음에 걸릴 일이었다. 무엇보다도 가장으로서의 체면이 말이 아니었다.

돈을 몽땅 잃고 오도 가도 못할 뻔한 일에 비하면 아무 일도 아니라고 생각하면서도 맥이 빠져 앉아 있는데 딸아이가 "아빠 돈도 찾아오셨는데 왜 그렇게 힘이 없어요?"한다. 입을 다물고 있을까 하다가 어차피 알려야 할 일이라 "응, 그런데 카메라를 잃어버리고 왔다."하고 머리를 긁적거렸더니 아내가 쿡 하고 웃었다. 지갑을 찾으러 갈 때 차가 떠나면 내려서 이 근처에서 움직이지 말고 기다리라며 카메라를 벗어서 맡기고 가지 않았느냐는 것이다.

버스가 고속도로에 올라서자 속력을 내기 시작했다. 그런데 고속도로 주변 풍경이 우리나라와 매우 흡사했다. 헐벗은 산이 많고 길옆의 나무들도 유럽 다른 나라들에 비해 손질이 전혀 되어 있지 않았다. 그래서 그런지 아내와 딸아이는 차창 밖을 아주 느긋한 표정으로 내다보고 있었다. 천방지축으로 덜렁거리기만 하는 사람을 믿고 이 멀리까지 따라 나와서 그래도 나름대로 여행을 즐기고 있는 것 같아 보여 어쩐지 대견스럽기도 하고 측은하다는 생각도 들었다.

그 후에도 나는 비슷한 일을 되풀이하면서도 가족 앞에서는 여전히 큰소리를 치며 지내고 있다. 그러나 속으로는 가끔 자신이 한심하게 느껴질 때가 있다.

(1985)

시력의 한계

어쩌다가 안경을 쓰고 거울을 들여다보는 일이 생긴다. 의식적으로 되풀이해서 하는 짓이 아니다 보니, 그 때마다 나는 흰 머리카락이 부쩍 늘고 얼굴에 주름살이 이리저리 마구 패인 몰골을 발견하고 놀라곤 한다. 안경을 쓰지 않고 먼발치에서 거울을 바라볼 때는 그렇게 극명하게 드러나 보이지 않기 때문에 평소에는 잊고 있던 자신의 실상인 셈이다. 안경을 벗고 거울 속을 다시 들여다보면 상이 너무 가까워 어지럽다. 조금 거리를 띄워서 바라보면, 금방 본 것만큼은 늙어 보이지 않는 낯익은 자신의 모습이 되살아나 보인다.

처음 노안이 시작되었을 때의 일을 기억한다. 밤늦도록 책을 보고 있는데 갑자기 눈이 침침하게 흐려지며 그 때까지 잘 보이던 사전의 작은 글씨가 아물아물하니 잘 보이지 않았다.

책을 전등 가까이 가져가서 간신히 판독은 했으나 아무래도 평소와 같지 않아 책을 이리저리 돌려보다가 눈과의 거리를 조금 띄우니 한결 잘 보이는 것 같았다. 혹시 원시가 시작된 것이 아닌가 하는 의구심이 들어 그 다음날 안과를 찾아갔다. 아니나 다를까 의사는 내 나이를 몇 번이나 다시 묻고 안압眼壓까지 재어 보는 등 여러 모로 면밀하게 진찰을 해본 뒤, 본인이 듣기엔 유감스럽겠지만 눈은 개인 차이가 심해서 삼십 대에도 노안이 오는 경우가 있다면서 곧 돋보기안경을 써야 되겠다는 선언을 했다. 서른여덟 나던 해다.

돋보기를 쓰고 책을 들여다보니 어지럽기도 하고 콧등이 안경 무게로 아프기도 하여 짜증이 났다. 어쩌다 음식상 앞에 안경을 쓰고 앉았다가 김으로 눈앞이 흐려질 때는 늙는다는 것이 무척 불편해지는 것이로구나 하는 생각도 했었다. 그때 정신적으로 받은 충격은 그 뒤 어느 날 내 머리에 흰 머리카락이 보인다고 어떤 눈 밝은 친구 하나가 방정을 떨었을 때보다 훨씬 강한 것이었다.

그러나 곧 책을 볼 때만 안경을 쓰는 일도 점점 익숙해져 별로 불편을 느끼지 않게 되자 시력의 감퇴라는 자연스러운 변화에 그리 불행을 느끼지 않게 되었다. 그 뒤에 다시 조금 먼 거리까지 잘 안 보이게 되어 그린 위에서 퍼팅을 할 때 공과 그것이 굴러가야할 선이 어지럽게 보이기 시작했을 때도 별 비애를 느끼지 않고 적당히 체념할 수가 있었다.

시력이 나쁘다고 본인이 불행하기만 하거나 그 주변에 언짢은 일만 생기는 것은 아니다.

학업을 엉거주춤 마치고 이곳저곳 직장을 찾아 얼쩡거리고 있을 때였다. 대학교 은사 한 분이 음악회 표 두 장을 주시며 어느 집 규수 한 분과 데이트를 할 기회를 마련해 주셨다. 음악회를 마치고 암묵리에 예정된 코스의 하나인 남산을 올라갔다. 그 때 그 규수가 무수한 별들이 반짝이고 있는 하늘을 가리키며 오늘 밤에도 많은 별들이 나와서 아름답게 비치느냐고 물었다. 자기도 그 별들을 빤히 보면서 일부러 나에게 물어보는 그녀의 의도가 복받치는 감흥을 좀더 극적으로 표현하려는 데 있는 줄 넘겨짚고 오히려 흥이 스러지려는 찰나에, 자기는 지독한 근시라 저 하늘의 별들이나 밑으로 내려다 보이는 서울 도심의 불빛도, 하나하나의 윤곽은 전혀 보이지 않고 안개 같은 몇 개의 커다란 빛 덩어리가 흐르고 있는 것으로 밖에 보이지 않는다는 말을 했다. 그제야 만날 때부터 꿈꾸는 듯했던 그녀의 시선이 나를 보고 마음이 들뜬 탓이 아니라 천부의 약한 시력과 고운 마음씨를 나타내는 것이었음을 깨닫게 되었다. 태어날 때부터 눈이 좋고 또 그러한 사람들 사이에서만 살아왔기 때문에 그녀의 이야기가 아주 신기했고, 그녀가 평소에 보고 있는 세계가 무척 환상적이고 아름다울 것이라는 생각이 들었다.

뒤에 집사람을 사귈 때의 일이다. 여러 사람이 있는 곳에서 우연히 나를 만나면 좀처럼 아는 체를 하지 않고 시치미를 뗐다. 미혼 여성의 당연한 수줍음 때문일 것이라고 짐작은 하면서도 얼마간 섭섭한 생각이 들어 조금 더 친숙해진 뒤 한번 따졌더니, "아직도 모르세요, 제 눈이 얼마나 근시인가를? 여러 사람과 섞여 있을 때는 목소리를 듣지 않고는 긴가, 민가 확실치 않아서 주저하기 때문이에요."했다. 그러고 보니 나 같은 사람을 언제나 그윽한 눈빛으로 바라보며 매번 만나자고 할 때마다 만나 준 까닭을 알 것 같아 우쭐했던 기세가 얼마간 수그러들었지만 그 뒤로는 그녀 앞에 앉으면 태연히 코를 후벼도 될 정도로 마음이 편하고 친숙한 기분이 들었다. 그럭저럭 그녀와 결혼을 하게 된 것도 이 세상 사람들의 시력이 한결같지 못한 덕을 본 셈인데, 결혼을 갓 하고서는 집사람이 걸핏하면 안경을 쓰고 나서는 바람에 방심을 하고 있다가 질겁한 적이 한두 번이 아니다.

그런데 시력이 나빠서 덕을 보는 것은 그 상대만이 아니라는 간단한 사리를 자신도 눈이 나빠져서야 뒤늦게 깨닫게 되었다. 눈이 나쁘면 남의 약점도 눈에 잘 뜨이지 않지만 마찬가지로 자기의 결점 또한 별로 자각하지 않고 지낼 수 있게 된다. 이래서 세상사世上事는 대체로 피장파장이기 마련이다.

매일 아침마다 거울을 바라보며 세수를 하고 넥타이를 매면서도 별로 염세적인 마음이 들지 않는 것은 시들어 가는 외양과 함께 시력도 감퇴를 하여 안경 같은 인위적인 도구의 힘을 빌리지 아니하고는 그 변화를 그때그때 자세히 의식하지 못하고 지나는 데 있는 것 같다. 손가락에 가시가 들어도 그 언저리가 아프기만 하지 가시 자체는 보이지 않는다. 답답해서 안경을 쓰면 가시는 보이지만 아직까지 싱싱할 줄 알았던 손등에 퍼렇게 돋아난 핏줄과 검은 반점들이 시야로 들어온다. 얼른 가시를 뽑고는 안경을 벗어 버린다.

집사람의 얼굴을 지나치게 가까이서 보려면 잘 보이지 않는다. 잘 보이는 거리를 두고 보면 세세한 구석은 보이지 않는다. 집사람이 얼마 전 자기도 드디어 흰 머리가 나기 시작했다고 탄식을 하는 소리를 몇 번 들었지만 아직도 내 눈에는 전혀 보이지 않는다. 그렇다고 돋보기를 대고 들여다 보고 싶을 정도로 궁금하거나 심술궂지도 않다. 모든 것이 다 마음 편하게 살아갈 수 있도록 짜여진 자연의 조화라고 생각한다.

실상이 그러하지 아니한데 안 보고 지나면 뭐가 낫느냐고 할는지도 모른다. 그러나 그렇지만은 않다. 실상이라고 하지만 그것 자체가 애초에 모호한 개념이다. 어차피 사람의 보는 눈에는 한계가 있다. 현미경을 가지고 사람 얼굴을 보면 보통 사람의 시력으로 보는 것과 전혀 다른 형상으로 보이기 마련이다. 그것도 배율이 크면 클수록 더욱 달라 보일 것이다. 어느 정도로 보이는 것이 그 사람의 참된 얼굴이라고 할 수 있는지, 쉽게 정할 수 있는 일은 아니다.

갈릴레이가 망원경을 개량하여 그 배율을 높임으로써 목

성을 위시하여 여러 새 별을 발견하게 되고, 그 결과 천동설을 부인하고 지동설을 지지하는 새로운 천체관을 내놓았다. 그러나 그것은 같은 우주를 두고 어디까지 보고 얼마나 편리하게 설명하느냐의 차이지, 그것에 의하여 우주가 달라진 것은 아니었고, 그의 우주관이 전자망원경 시대인 오늘날까지 그대로 유효한 것은 아니다.

아직도 우주를 어디서 어디까지 어떻게 보아야 할는지 인간은 그 한계와 실상을 모른다. 이런 것을 더 따지고 들려고 하면 인식과 실체의 문제라는 인류의 영원한 아포리아에 부딪히고 만다.

시력이 각각인 사람들이 보고 있는 서로 다른 세계도, 그들에게는 아주 자연스럽고 진실한 세계라고 할 수 있다. 그대로 그 속에 안주하도록 내버려 두는 것이 좋다. 「전원교향곡」에서, 어쭙잖게 공연히 기를 쓰고 제르뜨뤼드의 눈을 뜨게 한 목사와 같은 우愚는 범하지 말아야 한다.

(1989)

자신을 안다는 일

아침에 세수를 하다가 문득 큰소리로 노래를 부르고 있는 자신을 깨닫고 당황할 때가 많다. 어쩌다가 잠이라도 푹 자고 일어난 아침이면 십 중 팔구는 이런 일이 생긴다.

타고난 내 목소리가 남들이 들어서 유쾌한 편이 못 된다는 것쯤은 나도 잘 알고 있는데, 집안 식구들은 언제나 내 노래에 대해서 이러니저러니 타박이 심하다. 어릴 때부터 피아노를 쳐 온 딸아이는 음에 대한 감각이 지나치게 날카로워서 그런지 무슨 노래든 음정이나 박자에 그다지 구애를 받지 아니하고 그저 대범하게 불러치우는 내 습성에 강한 불만을 가지고 있고, 아이 엄마는 주로 내가 부르는 노래의 레퍼토리가 마음에 들지 않는다고 질색을 한다.

아침부터 식구들을 안절부절못하도록 해 가며 한사코 노

래를 불러야 할 특별한 사정이 있는 것도 아니니까 노래를 하고 싶은 생각은 조금도 없는데 나도 모르게 입 밖으로 터져 나오니 민망스럽기 짝이 없다. 이왕 노래를 할 바에야 곡목만이라도 아이엄마 말대로 혹 이웃집 사람들이 듣더라도 체면 손상은 되지 않는 것을 골라 불렀으면 하는데, 내 노래는 항상 무의식중에 시작되는 것이라 그것도 뜻처럼 되질 않는다. 평소에 내가 지닌 소양이나 취미보다도 더 그럴싸한 노래가 나와 주기를 기대할 수는 없지만 그래도 제법 괜찮은 노래도 많이 알고 있는 편인데 아침에 나오는 노래는 어쩐 일인지 영 엉뚱하기만 하다. 예를 들어 보면 하루는 "우산 셋이 나란히……"어쩌고 하는 동요가 나오고 다른 날은 다 부를 줄도 모르는 "비단이 장사 왕 서방……"이 뚱딴지같이 나타나서 어물어물하는가 하면 그 다음 번에는 중학교 때의 유치한 응원가가 튀어나와 공연히 목소리에 힘이 들어가게 된다. 하나같이 이런 노래들이니 식구들에게 가장으로서의 체면도 서지 않고 할 말도 없기 마련이다.

내게는 다분히 과거 지향적인 성향이 있는 것 같아서 옛날 노래가 주종을 이루는 것은 납득이 가는데, 그렇다고 고약한 노래만 고르기라도 한 듯이 등장을 하는 것은 스스로도 영문을 모를 일이다. 내가 의식적으로 선택을 한 것이 아니라고 그날그날의 일진으로만 돌리기에는 어쩐지 답답한 것이 남는다. 잘 모르긴 하지만 내 사람 됨됨이와 깊은 관련이 있는 다른 한 부분이 내 속 어딘가에 숨어 있는 모양이다.

며칠 전 일이다. 딸아이가 찍은 지 사오 년은 되었을 것 같은 내 사진 한 장을 찾아 들고 나와서 아빠 머리가 너무 길어서 이상해 보인다고 깔깔거렸다. 사진을 받아 들고 들여다보니 딴은 그렇긴 한데 이상하게 보이는 것은 머리뿐이 아니었다. 몸에 걸치고 있는 것들도 몹시 눈에 거슬렸다. 비교적 입성이 까다로운 편이라 겉옷은 물론이지만 넥타이 하나까지 몸에 걸치는 것은 내가 다 신경을 써서 직접 고른다. 고르는 기준은 나의 개성을 살리고 무분별하게 유행을 따르지 않는다는 것이다. 그런데 사진 속에 나타난 것을 보면 나의 의식적인 노력에도 불구하고 내가 의도한 것과는 달리 아주 동떨어진 결과뿐이다. 세상에 어떤 사소한 일이라 하더라도 마음먹은 대로 잘되는 일은 드물겠지만 이런 경우는 어떻게 해석해야 할 것인가? 내가 잘 알지도 못하고 그렇다고 누구 탓이라고 핑계 대기도 곤란한 또 다른 한 면이 내 의식적인 행위 속에 잠재해 있다는 이야기가 된다.

어떤 일을 할 때나 사람을 대할 때 나는 언제나 자신이 합리적이고 공정한 사람이기를 바라고 가능한 한 그렇게 처신을 해 왔다고 믿고 있다. 그러나 솔직히 말하면 그 결과에 대해서 자신을 못 갖는 것은 말할 나위도 없고 과연 내가 스스로 생각하는 것만큼 실제로 나 자신이 합리적이고 공정한 인간인가 하는 것에 대해서도 의문이 생길 때가 많다.

녹음기에서 처음 내 목소리를 들었을 때 무척 놀랐던 기억이 난다. 내가 말을 할 때 내 귀로 울려오던 목소리에만 익숙해 있다가 기계에서 흘러나오는 생소하기만 한 내 목소리를 듣고 주위 사람들에게 내 목소리가 틀림없는지 확인을 해 보고도 기계 성능을 의심하기까지 했다.

우리들은 쉽게 자기 자신은 바로 자기가 다 잘 아는 것같이 생각하지만 반드시 그렇지만은 않은 것 같다. 곰곰이 생각해 보면 스스로도 알 수 없는 부분이 자기 가운데 너무 많이 있고 또 남이 나를 어떻게 보고 있는가 하는 타자와의 관계 속의 자신까지 알아야 하고 보면 자기를 안다는 일이 엄청나게 어려운 일이라는 것을 깨닫게 된다.

사람들은 자기에 관한 남의 평판에 비상한 관심을 가지고 있는 것 같다. 아이들도 자기 이야기를 들려주면 아주 흥미있어 하며 열심히 들으려 한다. 그러나 남이 자기 칭찬을 하면 몇 번이나 듣고 싶어 하면서도 험담을 하면 더 이상 들으려고 하시 않는다.

그러다 보면 각기 정도의 차이는 있겠지만 자기가 이럴 것이다 하고 믿고 바라는 쪽으로 이지러진 자기 허상凉像을 서서히 만들어 가게 된다. 거짓말도 되풀이해서 하다 보면 스스로도 그 거짓말을 사실인 것처럼 믿게 된다는 설이 있다. 허상을 오래 간직하다 보면 그것이 자기 실상인 양 착각을 하게 될 가능성이 높다. 희랍 철학의 창시자로 알려진 탈레스는 이 세상에서 가장 어려운 것이 자기 자신을 아는 일이라고 하면서 소크라테스에 앞서 "너 자신을 알아라."라는 말을 남긴 것으로 전해진다. 흔히 델포이의 아폴로 신전 현관 기둥에도 같은 격언이 새겨져 있었다고도 한다. 그러면 가장 쉬운 것은 무엇이냐는 질문에 그것은 남에게 충고하는 일이라고 했다니, "너 자신을 알아라."라는 말은 전후 문맥으로 봐서 뭐 그리 어려운 철학적인 언표라기보다는 그저 "네 분수를 먼저 알아라"하는 정도의 처세훈處世訓으로 해석해도 좋을 것 같다. 인류의 역사가 시작된 이래 가장 먼저 합리적인 사고를 했다고 믿어지는 희랍 사람들의 생활의 지혜가 엿보이는 일화라고 하겠다.

요즈음 세태가 세태인 만큼 텔레비전을 보는 시간이 제법 늘었다. 브라운관에 나와서 소란스럽게 떠드는 사람들을 가만히 보고 있자니 이 세상에는 정말 잘못된 자기 환상에 사로잡힌 사람들이 한두 사람이 아니구나 하는 생각을 하게 된다. 세상이 정신없이 변해 가고 있으니 어제까지의 자기는 모두 잊어버리고 오늘의 자기도 무슨 꼴을 하고 있는지 알려고 들지 않는 사람들이 늘어 간다.

이 세상의 희비극이란 작으나 크나 모두 자기 자신을 알지 못하는 사람들이 뒤엉켜서 만들어 내고 있다는 생각이 든다. 나도 모르게 비분강개를 하다가 생각해 보니 어느 사이엔지 나 자신은 슬쩍 접어 두고 남만을 탓하고 있는 셈이다. 자칫

하면 탈레스의 말이 얼마나 이 세상의 인심을 잘 꿰뚫어 본 철언哲言인가 하는 것을 내가 몸소 증명을 하기 위해 애를 쓰고 있는 꼴이 될 것 같다.

(1987)

언어의 혼란

한비자韓非子 가운데 나오는 모순지설矛盾之說처럼 의미심장한 이야기도 없다는 생각을 가끔 한다.

옛날 초나라에 창과 방패를 파는 사람이 있었다. 그는 자기 방패를 자랑하며, “이 방패는 그 무엇으로도 이것을 뚫을 수가 없다.”고 하고, 다시 창을 들고는 “이 창은 날카로워 어떤 것이라도 찔러서 뚫리지 않는 것이 없다.”고 했다. 듣고 있던 사람이 그러면 당신의 창으로 그 방패를 찌르면 어떻게 되느냐고 물었더니 대답을 하지 못했다는 이야기다. 한비韓非는 그 이야기를 한비자 난일難一 편과 난세難勢 편에 두 번 인용하는데, 얄궂게도 그것을 예로 해서 펼치는 논리가 서로 다르다. 난일 편에서는 요순堯舜시절, 순을 현자라고 하면 요 임금의 명찰明察을 부인해야 하고 요를 성인이라고 한다면 순의

덕화德化를 부인해야 하는, 양편이 동시에 긍정될 수 없는 논리상의 모순 관계를 설명하고 양자를 다 부인하는 데 사용했으며, 난세 편에서는 나라를 다스리는 데는 현자가 절대적인 힘을 지니고 있다는 주장과 세勢를 차지한 권세자가 절대적인 힘을 가지고 있다는 주장이 동시에 성립할 수 없다는 사리를 설명하고 그 결과로 제한적인 의미의 권세설을 옹호하는 데 사용했다.

사람들은 한 입으로 두 가지 서로 배치되거나 모순이 되는 말을 하든지 언행이 일치하지 않으면 허언虛言을 일삼거나 식언食言하는 자로 간주를 하고, 일구이언一口二言을 하는 자는 이부지자二父之子라면서 경멸하거나 더 이상 상대를 하지 않는다.

그러나 한 입으로 두 가지 말을 하는 사람의 경우를 살펴보면, 스스로도 두 가지 말을 하고 있다는 것을 알면서 의도적으로 행하는 사람은 극히 드문 것 같다. 물론 선량한 사람을 우롱하고 괴롭히는 직업적인 사기한이라든가, 선거판에서 어떻게 해서라도 표를 긁어 모아야 자신의 기득 신분이 유지되는 정치가들을 제외하고 하는 이야기다

이 세상에는 명백한 거짓말이 세 가지 있다고 한다. 그 하나는 처녀가 시집가기 싫다는 것이고, 또 하나는 노인이 빨리 죽고 싶다는 것이며, 나머지 하나는 장사꾼이 밑지고 판다고 하는 말이라고 한다. 이런 거짓말은 같은 허언이라도 별로 혐

오감을 불러일으키지 않는다. 어느 모로는 일시적인 감정상의 진실을 내포하고 있다고도 할 수 있다. 심지어 밑지고 판다는 상인의 입에 발린 엄살도 해석하기에 따라서는 더 남겨서 팔고 싶은 욕망에 비해 훨씬 덜 받기 때문에 밑지고 파는 기분이 든다는 솔직한 감정의 표백으로 이해할 수도 있다.

세상의 어머니가 지아비와 지어미가 마땅히 지켜야 할 도리에 대한 이야기를 할 경우, 자기 며느리에게 할 때와 시집간 딸에게 할 때 그 내용이 상당한 부분에서 상반될 때가 잦다. 그러나 그러한 이중성은 자연스러운 심리적 작용으로 자기도 모르게 저지르게 되는 착오라, 스스로에 대한 논리적인 성찰이 부족한 탓이지 의도적인 왜곡은 아니라고 하겠다.

그런데 의도적인 허언 또는 무의식적으로 범하기는 하나 누가 봐도 일견해서 오류라고 판별할 수 있는 주장은 그래도 사람들에게 별로 심각한 피해는 주지 않는다. 왜냐 하면 조금이라도 현명한 사람이라면 단번에 그 실상을 간파하고 적절히 받아넘기거나 대처할 수 있기 때문이다. 또 자신의 역량이나 주제를 잘 파악하지 못하고 의욕만으로 다른 사람들에게 무엇을 해 주겠다는 약속을 했다가 실천을 못 하고 뒤에 구구한 변명을 늘어놓는 행위도 평범한 사람들 사이에서 자주 볼 수 있는 일상다반사 중의 하나라, 비교적 가볍게 양해를 해 주거나 묵과할 수가 있다.

그러나 그런 것보다 실제로 가장 심각한 문제를 제기하는 것은, 말을 하는 사람이 자신에 대한 성찰도 게을리 하지 않으며, 거짓말을 해 보겠다는 의도가 전혀 없는 것은 말할 것도 없고, 오히려 진리에 순사殉死라도 하겠다는 고귀한 열정과 엄정한 논리 정신으로 언표하는 말들이 결과적으로 일구이언이 되는 경우이다. 헤라클레이토스는 "만물은 유전流轉한다."고 했다고 전해진다. 일반적으로 이 세상에 무엇이든 불변하는 것은 없다는 것도 하나의 진리로, 그것은 변함이 없어야 한다. 그래서 결국은 "세상의 모든 것은 유전한다. 그러나 그 중에는 유전하지 않는 것이 하나 있다."는 그 자체가 모순이 되는 명제가 성립되고 만다. 이는 사람들이 흔히 입에 올리는 "이 세상에 예외가 없는 진리란 존재하지 않는다는 진리만은 예외가 없다"는 익살과도 유사하다.

실제로 헤라클레이토스도 만물이 변화는 하되 그 변화 속에 일종의 고정불변하는 하나의 원소Physis와 법칙Logos의 실재를 주장한 것으로 전해진다. 한 입으로 두 가지 말을 한 경우가 된다.

이와 비슷하게 말을 논리적으로 따지는 데서 발생하는 난제의 하나로 '거짓말쟁이의 역설'이라는 것이 있다. "내가 말하고 있는 것은 거짓말이다."라는 말을 어떤 사람이 했다고 하자. 그러한 경우에 만약 그 사람이 거짓말을 하고 있다면 그 말은 거짓말이 아니게 된다. 그런데 만약 거짓말을 하고 있지 않다면 말의 내용으로 이 말은 거짓이 되고 만다.

이러한 혼란은 타르스키Alfred Tarski에 의하면 일상 언어의 절제 없는 사용에서 비롯된다고 한다. 대상 언어對像言語를 고차언어高次言語 즉 메타언어Metalanguage와 구분을 하지 못하고 혼용한 데서 오는 패러독스라는 것이다. 그러나 일상언어日常言語란 타르스키가 나타나기 훨씬 이전에 생겨나서 오랜 관행에 따라 사용되어 왔다. 그가 아무리 언어의 논리적인 성격을 규명하고 그것에 따라 구분하고 정리를 해보았자 일반 사람들이 사용하고 있는 말의 관행적 의미를 바꾸어 놓을 수는 없으며, 따라서 그런 언어에 의한 혼란은 좀체로 해소되지 않는다.

실제로는 일상언어의 자유로운 사용에서 오는 혼선보다는 오히려 전문 분야에 종사하는 사람들에 의한 언어의 특수한 사용 예가 일반 사람들의 언어 감각으로는 이해가 되지 않아 혼돈이 가중되는 예가 더 많은 것 같다.

필연성이라는 말을 예로 들어 보자. 필연은 우연과 모순 대당을 이루는 개념이다. 필연은 어디까지나 필연이고 우연은 우연이다. 세상만사가 필연성에 의하여 움직여 간다면 우연성이 설 자리가 없고, 우연성이 지배한다면 필연성이란 없는 것이 된다. 그것이 그 말이 갖는 오랜 관행으로서의 약속된 의미다. 그러나 역사를 필연적인 법칙에 의해 발전하는 것으로 보면서도 그러한 역사를 이룩해 가는 개인이나 집단의 실천이 무의미하지 않다는 것에 유의하는 일부 학자들은 필연성은 우연성의 착종 속에서만 존재하고, 우연성의 계열 속에서만 실현된다고 갈파한다. 즉 필연성은 우연성이라는 계기들에 의해서 이루어진다는 정의다. 무슨 소린지 상식적인 언어 감각으로는 '필연은 우연이고 우연은 필연' 이라는 잠꼬대 같은 헛소리로만 들린다.

이렇듯 같은 말에 여러 가지 다른 정의가 내려져 있는데 그 사실을 일일이 명확히 파악하거나 또 구분해서 쓰지 못하는 데서 많은 혼란이 야기된다.

이런 현상을 중국 춘추전국시대 사람들은 명名의 혼란이라고 해서, 주周로 통일되어 있던 천하가 군웅이 할거하는 난세가 되어 버린 주원인으로 꼽았었다. 하나같이 모두 충忠을 한다면서 군사를 일으켜 시역을 일삼고, 의義를 내세워 불의를 행하였다. 공자가 주로 한 일도 이 흐트러진 명을 바로 잡기 위해 그 당시 정치 사회적으로 사용되던 말들을 바르게 정의하는 작업이었다고 볼 수 있다.

오늘날 우리가 처한 내외의 상황도 명이 혼란한 점으로는 그때와 비슷하다는 느낌을 금할 수가 없다.

민주화다, 무슨 공화국 청산이다 하면서 입으로는 같은 말을 쓰면서도 사람마다 파당派黨마다 그 말이 의미하는 것이나 그것으로 노리는 목적이 다 다른 것 같다. 걸핏하면 민의다, 국민의 지상 명령이다 하는 말도 쓰는데, 이 말같이 실체가 모호한 것도 다시 더 없다. 기껏해야 일부 지방의 구체적인 몇 사람이나 부류의 의사에 지나지 않거나, 심한 경우에는 그것을 빙자해서 발언을 하는 자 자신의 원망願望일 경우도 있다.

나라 밖으로 눈을 돌리면, 노동자가 주인이고 그들의 천국이라고 표현되는 나라에서 노동자들이 파업을 하고 있다. 기만적인 민주주의를 지양하고 참된 민주주의를 실현했다는 나라에서 뚱딴지같이 민주화를 요구하는 민중들의 시위가 끊이지 않고 터져 나온다.

이런 혼란은 애초에 말이 오용된 것에서 비롯된 것이고, 교묘한 말장난이 너무 오래 여러 가지 사실을 은폐해 왔다는 이야기로 해석이 된다.

제논의 저 유명한 역설을 따라가다 보면 실제로 화살이 활시위를 떠나 공중을 날고 있어도 그것은 환영에 지나지 않고, 화살은 결코 운동을 하고 있지 않는 것이 되어 버린다.

금세기에 가장 거창한 위업을 이룩했다는 어느 정치 지도자가 생전에 회의론적인 인식론을 비판하는 연설 도중 옆의 벽을 주먹으로 꽝꽝 치면서 이런 확실한 반응이 있는데도 여기 벽이 있는지 없는지 모르겠다는 사람들이 있으니 무슨 얼빠진 수작이냐고 했다 한다. 지당한 말씀이다. 그런데 아이러니하게도 그를 철저하게 신봉하고 절대 추종하는 사람들이 그의 말씀과 그가 주창한 이데올로기만이 무류無謬의 진리라고 고집하며 일체의 타협을 거부하고 역사와 현실을 왜곡하고 파멸로 이끌어 가는 우를 범하고 있다. 이제 우리는 주변의 사물을 보고, 기괴하게 뒤틀린 언어가 아닌 단순 명쾌한 일상언어로 발상을 하고 표현을 해야 한다. 그리고 발가벗은 임금님은 발가벗었다고 단호하고 명백하게 언표하는 순수한 마음과 용기도 필요하다.

(1990)

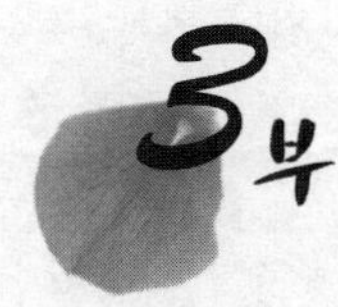

3부

통신
마침표
굴뚝
이런 그리움
시를 외우며
늦친구
사람의 성격
성냥 파는 소녀

통신

집 아이가 2년 반이 넘도록 집을 떠나 파리에서 생활하는 동안 나는 아이에게 거의 날마다 팩스facsimile를 보냈다. 아이가 집에 있을 때는 서로 생활 시간대가 달라 흔히 아침 식탁에서나 잠시 얼굴을 대할 뿐, 서로 함께 지난 시간이 드물었다. 원래 성격도 아이에 대해 그리 자상하지 못한 편이라 간혹 집사람이 아이에 대한 걱정을 하거나 상의를 해 오는 경우를 제외하고는, 그저 '무소식이 호 소식'이러니 생각하며 별달리 신경을 쓰지 않고 살았다.

그런데 막상 아이가 대학을 졸업하고 우리와 환경이 아주 다른 땅에 가서 학교를 더 다니겠다고 집을 떠나자, 평소처럼 태평스럽고 무관심한 아빠로 그냥 남아 있을 배짱은 없었다. 도대체 아이가 방을 얻어 산다는 동네가 아직 젊은 여학생이 혼자 살아도 좋을 만큼 안전한 곳인지, 학교까지의 교통편은 어떤지, 수업에는 잘 적응해 가고 있는지, 친구는 생겼는지, 외롭지는 않는지, 모든 일이 궁금하고 걱정이 되었다. 그래서 팩스로 날마다 한두 가지 질문을 하고는 부디 기죽지 말고 자중 자애하도록 하라는 격려도 했다.

그러나 그런 글을 얼마간 계속 보내다 보니 매일 비슷한 걱정, 같은 질문만 되풀이하는 것 같아 좀 멋쩍기도 했고, 속이 훤히 들여다보이는 '정신 훈화' 도 자꾸 반복하다 보니 무슨 설득력이 있을까 스스로도 그 효용에 의심이 갔다. 그렇다고 아이의 일상에 대한 자질구레한 궁금증을 하루라도 가슴 속에 묻어 놓고 지낼 수는 없었다. 결국 팩스를 계속 주고받기 위해서 아이의 관심을 끌 수 있는 다른 여러 가지 화제를 양념으로 덧붙이게 되었다.

그곳 언론 보도로 아이가 당연히 궁금해 할 사건이 나라 안에 생겼을 땐 그 것을 요약해서 알려 주며, 그에 따른 시사 평 같은 것을 써 보내기도 하고, 평소에 읽고 있는 여러 가지 책 가운데 특별히 감개가 깊은 것을 만나면 그 내용을 요약해 알려 주거나 독후감을 적어 보내기도 하였다. 그러자 아이도 단순한 생활 정황 보고만으로는 미안하다고 생각했는지, 자기 학교 수업 내용이나 선생님에 대한 이야기도 쓰고, 새로 만난 교우들의 인물평도 하고, 어쩌다 가서 보게 되는 여러 미술관 그림이나 영화 연극 같은 것들에 대한 촌평도 보내 왔다. 얼굴을 마주 대하고 사는 동안 한번도 나누어 본 적이 없는 내용의 이야기들이었다.

그래서 처음에는 단순한 궁금증 해소를 위해 시작한 통신이었지만 차츰차츰 주고받는 이야기의 범위가 넓어져 가면서, 그것을 통해 그 동안 모르고 지냈던 아이의 여러 가지 면모가 새삼스럽게 보이기 시작했다. 아이가 어떤 것을 좋아하고, 무엇을 싫어하는지, 아이 성격의 장점은 어디에 있고, 약점은 어느 곳에 있는지, 옆에 두고 있을 때보다 더 확실한 인간상이 잡혀 갔다. 그러다 보니 어느 사인가 아이와 팩스로 대화를 주고받는 일이 나의 하루 일과 중에서 가장 중요하고 즐거운 부분의 하나가 되어 갔다.

아이가 사는 곳과 이곳과는 여름에는 7시간, 겨울에는 8시간의 시차가 났다. 학교에서 저녁 때 썰렁한 빈집으로 돌아오면 팩스라도 한 통 미리 가 있다가 아이를 맞이하도록, 가능한 한 이 곳 시간으로 자정을 전후한 시간에 전송을 했다. 아무리 늦게 집으로 돌아온 날도 책상 앞에 앉아 팩스 한 통을 써서 보내야 비로소 하루를 마쳤다는 기분이 들고 잠도 왔다. 혹 친구와 어울려 마신 술이 과해서 팩스를 쓰지 못하고 잠이 든 날은 새벽에 부랴부랴 일어나서 몇 자 써서 보내곤 했다. 그 곳은 이미 밤이 늦었지만 아이가 내 글을 받아 보고 편안한 마음으로 잠을 청할 수 있도록 하기 위해 서다.

팩스는 보낸 것도 받은 것도 이쪽에 다 남는다. 몇 장이 모였을 때 다시 읽어보니, 나중에 소중한 추억거리가 될 수도 있을 것 같아 한 장도 버리지 않고 모으기로 했다. 그러나 그 양이 금방 불어나 차츰차츰 간수하기가 거북했다. 그리고 아이로부터 받은 팩스는 열 감응지感應紙에 인자印字된 것이라 아무리 잘 보존하려고 해도 곧 색깔이 변하고 글자도 희미하게 날아가 버린다. 그래서 원본을 기회가 있을 때마다 스캐너로 컴퓨터에 읽어 들여 디스켓에 저장을 해 왔다. 언젠가 간편한 CD-ROM으로 만들어 아이가 결혼을 해서 집을 떠날 때 선물을 한다거나, 더 뒷날 아빠 유품으로 남겨 볼까 생각하고 있다.

아이는 지난 가을 집으로 돌아왔다. 처음 예정했던 공부를 다 하자면 6,7년은 좋이 더 그곳에 머물러야 했지만, 공부를 그렇게 외국에 혼자 떨어져 하는 것만이 능사가 아니라, 돌아와 가족과 함께 살면서도 얼마든지 해 나갈 수 있다는 나의 끈질긴 설득에 아이는 완강했던 고집을 꺾었다. 그 동안에 주고받은 통신communication이 상당한 기여를 하였으리라고 믿는다. 아이가 이런 일, 저런 준비로 바쁘게 나다니게 되자, 나와 서로 얼굴을 대하는 일이 다시 드물어졌다. 처음 얼마 동안에는 아이가 집으로 돌아왔다는 사실만으로 만사가 흡족하게 느껴졌으나, 몇 개월을 지나다 보니 뭔가 그 동안 충실하게 누려 왔던 내 생활의 어떤 귀중한 한 부분이 잘려 나간 것 같은 허전한 느낌이 들었다. 생각해 보니 아이와 팩스로 주고받던 대화가 없어진 탓이라는 것을 곧 깨닫게 되었다. 이래서는 안 되겠다 생각은 하면서도, 아이를 불러 앉혀 놓고 마주 보며 애써 고상한 담론을 해 보자고 할 수도 없고, 그렇다고 집에 있는 아이에게 다시 팩스를 주고받자는 제의를 할 수도 없다.

이런 저런 궁리를 하는 중인데, 아이가 필요한 정보를 검색해 보기 위해 국내의 한 인터넷 통신에 가입을 했다. 전자 메일e-mail을 주고받을 수 있는 인터넷상의 주소를 갖게 된 것이다. 나도 다른 통신에 가입해 있기 때문에, 현실에서는 부녀가 비록 한 집에 살고 있지만, 가상공간 속에서는 각기 다른 이름과 주소를 갖고 떨어져 살게 된 셈이다. 어쩐지 인터넷을 통해 통신을 하면 아주 먼 곳의 사람과 이야기를 하고 있다는 느낌이 든다. 오래 동안 외국의 친구들과 그것으로 통신을 해 온 탓도 있을 것이다. 이제 서신을 주고받을 수 있는 심리적인 공간이 확보 된 것이다. 나는 곧장 회사에서 날마다 짤막한 전자 메일을 한 통씩 써서 아이에게 띄우고 있다. 이 새로운 통신이 아이로부터 팩스에 뒤지지 않는 좋은 반응을 얻어서 두 사람 사이에 많은 대화가 다시 오고 가기를 바라는 마음 간절하다.

(1999)

마침표

갓 중학교에 입학했을 때다. 학급 담임 겸 영어 담당교사가 하루는 영작문 쪽지 시험을 냈다. 우리들이 영어를 얼마나 잘 습득하고 있는지 개별 파악을 해본다는 취지였던 모양이다. 그 다음 날 선생님은 한 사람 한 사람 차례로 앞으로 불러내어 채점을 한 시험지를 나누어 주면서 큰 소리로 평을 해주었다.

나는 그때 동년배보다 기가 큰 편이라 다른 아이들보다 비교적 빨리 호명을 받았다. 영작문이라 해도 교과서에 있는 짤막한 문장들만 외우고 있으면 그대로 답이 되는 문제였다. 10 문제 중에서 답을 잘못 쓴 것이 하나도 없다고 생각하고 있던 나는 당당하게 선생님 앞으로 나갔다.

그런데 느닷없이 "야! 너는 어떻게 공부를 했기에 영어 첫 시험에 빵점을 받느냐?" 하는 뜻밖의 호통을 당했다. 그럴 리가 없다고 고개를 갸웃거리며 시험지를 받아 보니, 10문제 모두 답안마다 문장 끝에 피어리드를 찍지 않았다는 표시를 하고, 사정없이 빨간 X표를 쳐놓았었다. 한 반 아이들 대부분이 만난 지 얼마 안 되는 서먹서먹한 얼굴들이다. 그들에게 부끄럽기도 하고 한편 억울하기도 해서 오만상을 짓고 있는 나를 향해 모두들 사정도 모르고 큰 소리로 웃음을 터뜨렸다.

그러나 그때는 왜 문장 끝에 마침표를 찍지 않으면 틀린 답이 되는 것인지 이해가 잘 가지 않았다. '이것은 연필입니다' 하는 문장에 마침표가 없으면 그 판단이나 표현이 아직 완전히 이루어진 것이 아니라서 다른 말로 변할 수도 있기 때문에 잘못된 답안이라는 선생님의 논리에 납득이 가기까지는 어린 소견으로 꽤 많은 시간이 걸렸다.

나는 그 뒤로 영어뿐만 아니라 어떤 글이든 마침표를 찍는 것을 잊지 않는다. 뿐만 아니라 손으로 글을 쓸 때는 혹시 마침표를 쉼표로 오인하지 않을까 걱정이 되어, 좀더 분명하게 보이도록 흔히 가로쓰기 문장에서 쓰는 온점을 찍지 않고 세로쓰기 문장에서 사용하는 속이 빈 고리점을 커다랗게 표시하는 버릇이 붙었다. 마침표에 신경과민이 된 것이다.

하나의 문장은 마침표를 치면서 일단 마감이 된다. 그 서술이 어떤 사실을 옳게 반영하든지 말든지 하는 것은 별개 문제다. 그 문장 뒤에 바로 앞의 서술을 뒤엎는 문장을 놓을 수도 있다. 그런 하나하나의 완결된 문장을 이어가며 사람들은 여러 가지 이야기를 쓰고 있다. 요즘은 픽션이든 논픽션이든 이야기 제일 끝에 찍힌 마침표에 많은 관심이 가고 있다. 화자話者가 이야기를 풀어가다가 어디에서 끝을 맺는가 하는 것으로 그 이야기의 성격이 너무 달라지는 경우가 흔하기 때문이다.

세계에 널려 있는 많은 이야기나 소설, 영화들에서 그 뒷이야기가 궁금한 것이 한둘이 아니다. 『바람과 함께 사라지다』가 반세기가 지나서 다른 작가에 의하여 그 후편이 이어지기도 한다. 『춘향전』은 이도령의 어사출두로 춘향이 죽을 자리를 벗어나 두 사람이 다시 맺어지는 장면에서 만사가 경사스럽게 끝이 난다. 그러나 그 후일담은 상상만 해보아도 그리 간단치 않다. 한때 기적妓籍에 올랐던 춘향이니까 과연 정실正室으 존중을 받고 부군과 끝까지 해로를 할 수 있었을는지, 그 시절의 일반적인 풍습대로 만약 시앗을 보았다면 그 매서운 성품으로 보아 그것을 참고 견디는 부덕을 발휘할 수 있었을는지 자못 의심스럽다. 만약 그 이야기에 정식으로 속편이 이어졌다면 '춘향전'의 성격도 많이 달라졌을 것이 뻔하다.

어릴 적 어른들을 졸라 듣던 옛이야기도 흔히 '잘 먹고 잘 살았단다' 하는 말로 끝이 난다. 그 싱거운 결말이 아쉬워 그 뒤를 이야기해 달라고 졸라 보아도 결국 '잘살다 늙어 죽었을 것이다' 라는 맥 빠진 추측이 허무하게 보태질 뿐이다. 어떤 이야기든 마지막 마침표를 찍는 것을 늦추다 보면 '잘살았다' 는 이야기가 '잘 죽었다' 는 이야기로 바뀌어 버리는 것이다. 『레미제라블』과 같이 아무리 흥미진진한 이야기도 주인공 장 발장이 임종을 하고 나면 그 뒤는 별로 궁금할 게 없어진다. 그래서 보통 한 인물의 이야기는 그의 죽음으로 대단원大團圓을 이룬다.

개관사정蓋棺事定라는 말이 있다. 사람이 죽어서 관에 들어가 그 뚜껑을 덮고 나면 그 인물에 대한 평가가 결정 난다는 뜻이다. 죽은 사람은 더 이상 다른 일을 저질러 스스로 변할 여지가 없어진다는 뜻이기도 하다.

그러나 역사 속에 산 실제의 인물들의 경우를 보면 사람이 죽는다고 바로 그 사람에 대한 평가까지 영구불변하게 확정되는 것은 아닌 것 같다. 사람에 따라서는 세월이 흐르고 역사가 바뀌면서 그의 이야기가 이어지면서 자꾸 변색이 되어간다. 흔히 재해석이라는 말로 통용되는 경우의 이야기다.

동구 변혁의 소용돌이가 지나간 뒤에 마르크스, 레닌과 같은 이미 죽은 인물들이 어떤 새로운 평가를 받게 되었는지, 그것을 지켜보는 많은 사람들이 오히려 그들에게 연민의 정을 느낄 정도로, 그 변화의 추이가 가히 비극적이다 못해 희극적이다. 아직 그들에게 최종적인 판정을 내리기에는 흐른 세월이 너무 일천하다고 할 수도 있지만, 일단은 총 마침표 찍는 것이 뒤로 너무 늦춰졌다고 할 수밖에 없다. 그래서 그들의 의도와는 전혀 무관하게 일생을 '잘 마쳤다' 던 것이 '잘

못 마쳤다' 가 되어버린 것이다.

그러니 어떤 사람이나 그 사람 이야기는 마침표를 찍는 시점이 중요하다는 이야기가 된다. 그리고 특히 최근에는 세계 곳곳에서 그리고 우리 주변에서 여러 가지 변화가 얼마나 격심하게 일어나는지, 나날이 벌어지는 여러 가지 일들을 지켜보면서 자신 있게 그 시비를 가릴 수 있는 것들이 드물다는 생각을 하고 있다. 또 어떤 일에서 가해자나 피해자가 명확하게 보이는 경우에도 아직 당신들 이야기에는 마침표를 찍기가 이르다고 혼자 중얼거리기도 한다. 내 일이든 남의 일이든 마음속으로나마 마침표를 찍어보는 일이 참으로 점점 더 어려워지고 있는 세상이라는 느낌이다.

나의 이야기는 몇몇 나를 기억하는 사람들에 의하여 어떤 식으로 마침표가 찍혀질까? 이제는 '여생餘生' 이라고 불러야 마땅한 삶을 살고 있으면서도 당혹스럽고 쓸쓸한 심정이 된다.

(1999)

굴뚝

아이가 몇 년째 파리에서 공부를 하고 있다. 처음에는 학교 기숙사에 기거를 했다. 그러나 기숙사는 그것을 필요로 하는 모든 학생에게 공평한 기회를 주기 위해 한 학생이 계속해서 장기간 머물 수 없도록 제도화되어 있어서, 안정된 주거를 마련한다고 소위 '스튜디오' 라는 단칸방 하나를 얻어서 지내고 있다.

처음에는 생 루이 섬에 있는 낡은 건물의 3층 한 귀퉁이 방이었지만, 지난 초겨울에 몽수리 공원 근처 학생들이 많이 사는 동네의, 역시 오래된 건물 이층으로 이사를 했다. 새로 얻은 집에는 아직 가보지를 못했지만 보나마나 먼저 살던 집과 대동소이할 것이다.

그곳의 집들은 하나같이 겉은 낡은 옛 모양을 하고 있어도 내부는 현대적으로 개조되어 있다. 먼저 집도 고풍스러운 나선형 좁은 목조 계단을 빙글빙글 돌아 올라가서 방문을 열고 들어서면 어리둥절해질 정도로 분위기가 달라졌다. 난방이고 취사시설이고 모두 전력을 사용하게 되어 있고, 욕실 겸 화장실도 그들이 미국식이라고 부르는 요즘 우리들의 아파트 것과 비슷한 구조로 개조되어 있다. 그리고 좁은 면적이지만 구석구석 자투리 공간까지도 철두철미 유용하게 쓸 수 있도록 얼마나 곰상스럽게 배려를 해 놓았는지, 나같이 매사에 대충대충인 사람은 어처구니가 없어 저절로 실소를 했을 정도다. 그래서 그런지 너무 각박하고 삭막하다.

가끔 들리고 머물 때마다 느끼는 것이지만, 파리의 날씨는 한여름을 빼놓고는 언제나 으스스하다. 위도가 동북아시아 쪽으로는 중국 동북성의 하얼빈과 거의 같은 아주 북쪽이다. 가을부터 봄에 이르기까지는 짧은 해가 기울면 바로 어두워진다. 학교에서 돌아오면 따듯한 온기가 그리울 텐데, 아이가 혼자 지내는 방은 언제나 싸늘하기 마련이다. 혼자 살다 보니, 방을 비우는 동안은 난방 스위치를 끊어 놓게 되고, 들어서서 바로 스위치를 넣어도 그렇게 빨리 방안 공기가 데워지지 않는다. 저녁마다 어둡고 썰렁할 빈 방문을 열고 들어설 아이를 생각할 때마다 가슴이 답답하다.

파리에서 조금 높은 곳에 올라가 보면 건물마다 조그만 굴뚝들이 지붕 위로 많이 돋아나 있는 것이 내려다보인다. 한 건물에 여러 가구가 사는 복합 주택들이 많기 때문이리라고 생각하지만, 아이 집같이 전기로 난방을 하는 집도 많고, 그 외에도 도시 가스나 석유류로 집중난방을 하거나 지역난방 공급을 받는 집들이 많으니, 그것들이 모두 난방이나 취사용의 벽난로나 화덕 같은 것을 위한 굴뚝으로는 보이지 않는다. 기껏해야 부엌이나 화장실의 환기를 위해 세워진 것들이거나 옛날에 그 용도를 다하고 구멍이 막힌 퇴역 굴뚝이기 쉽다. 그러니 저녁때라고 해서 새삼스럽게 연기가 피어오르는 굴뚝은 거의 없다.

오페라 《라 보엠》의 첫막 서두 부분에서 로돌포rodolfo는 푸념을 한다. 장소는 파리, 가난한 학생들과 예술가들이 모여 살고 있던 라틴 구, 때는 크리스마스이브다.

"회색빛 하늘에 파리의 수많은 굴뚝으로부터 연기가 피어오르고 있다. 그런데 이 쓸모없는 사기꾼 늙어빠진 난로란 놈은 영주님처럼 아무 일도 하지 않고 빈둥거리고 있네."

그들 가난한 젊은이들의 지붕 밑 다락방에서는 땔감이 없어 난로에 불기가 없다는 탄식이다. 《라 보엠》의 시대적 배경은 19세기 중엽, 그때만 해도 난방은 나무나 석탄이 주 연료였다. 가난한 사람들은 제대로 난방을 하지 못하고, 남의 집 지붕 밑 다락방에서 벽 틈으로 새어드는 외풍에 떨어야 했다. 도시는 달라도 같은 시대를 배경으로 하는 안데르센의 동화 속의 '성냥팔이 소녀'가 살던 다락방도 '집안은 추웠다. 지붕이라고는 이름뿐이지, 커다란 틈새가 나서 짚이나 걸레 쪼가리들로 막혀 있었지만, 그래도 바람은 휙휙 스며들었다.'라고 묘사되어 있다.

많은 굴뚝에서 연기가 피어오르지 못했던 시절이다. 그런가 하면 난방을 하는 집 굴뚝을 청소하는 가난한 소년들이 길거리를 돌며 적은 돈과 한끼 끼니를 얻기 위해 하루 종일 "굴뚝 청소하세요!"하고 소리치며 떠돌았다. 찰스 램의 『엘리아 수필집』가운데 「굴뚝 청소부 예찬」이라는 시니컬한 글이 그들의 처지, 그리고 그때의 사회상을 잘 묘사하고 있다. 그래서 칼 마르크스가 『공산당선언』이라는 과격하고 파괴적인 격문을 돌리고 있던 세상이었다.

그런 시대도 지나갔고, 난방 방식도 바뀌었다. 지금 파리에 집집마다 나 있는 굴뚝의 역할도 자연히 달라진 것이다.

소년 시절 하교 시간이 되면, 발걸음을 재촉하며 땅거미 지는 길을 걸어 집으로 돌아왔다. 지름길 좁은 골목을 들어서면 집집마다 치마를 겨우 넘는 높이로 달려 있는 나지막한 굴뚝에서 저녁 짓는 연기가 피어올라서는 길 위로도 내려와 있었다. 그때만 하더라도 땔감은 대부분이 신탄薪炭이었다. 잘 마른 장작을 태우는 연기는 맵지도 않고 오히려 코에 향기로웠다. 집집마다 따뜻한 불빛이 창문을 환히 밝히고 집으로 돌아오는 사람들을 기다리고 있는 듯했다. 부엌에는 어머니들이 시장한 얼굴로 들어설 식구들을 생각하며 바쁘게 손을 놀리고 있었을 것이다.

불빛이나 불기같이 우리의 마음을 안온하고 푸근하게 해 주는 것은 없다.

지난 11월 초, 영남 알프스 연봉으로 등산을 갔다가, 짧은 가을 해를 잘못 계산해 험준한 산비탈에서 어둠을 만났다. 방한구도 음료수도 비상식량도 준비한 것이 없었고, 여자분들까지 끼어 있는 일행이었다. 이건 정말 진퇴양난의 위기에 봉착했다는 당혹감으로 사방을 둘러보는데, 멀리 위로 조그만 불빛 몇 개가 깜박이는 것이 눈에 들어왔다. 그때 느낀 안도감이란 도저히 말로 다 표현할 수가 없다. 그 불빛은 춥지 않은 잠자리를 뜻하며, 따뜻한 음식 그리고 산짐승들로부터의 방패막이가 제공되는 것임을 뜻했다.

이윽고 몇 채의 산장이 모여 있는 곳에 이르렀을 때 눈물이 나오도록 더욱 반가웠던 것은 낮은 굴뚝에서 피어나 집 주위를 감싸고 있는 땔나무 연기와 그 매캐한 냄새였다.

그래서 오늘도 파리 아이가 사는 집 지붕 위에서만이라도 어스름 저녁에는 따뜻한 연기가 피어올랐으면 하는 다분히 시대착오적이고 엉뚱한 바람을 굴뚝같이 간직하고 지낸다.

(1988)

이런 그리움

지난 해 초겨울 어느 날, 하루 나절 짬을 내어 국립 중앙도서관엘 갔었다. 오랫동안 마음속에 벼르기만 하던 걸음이었다. 정기 간행물 실에서 해방 이후로부터 6 · 25 한국전쟁이 발발할 때까지 간행되었던 『소학생』이라는 잡지를 찾아서 열람하기 위해서였다.

아래층에서 카드함을 뒤지는 동안 산일된 부분이 많은 것을 알았었지만, 내가 기억하고 다시 한 번 보고 싶던 1948년에서 49년까지의 것들은 대부분 소장 목록에 있어서 기뻤다.

사서가 책을 서고에서 찾아 반출해 오기까지 얼마 안 되는 시간이었지만, 약간 조바심이 나고 흥분이 되는 것을 느꼈다. 검은 판지로 장정이 된 낡은 합본 철 몇 권이 내 앞에 놓였을 때, 머릿속으로 그리며 기대했던 것보다 너무 초라한 모양새에 잠시 어리둥절해지는 기분이었다.

그러나 조심스럽게 그 책 더미를 안고 열람석으로 오면서, 하긴 벌써 46~7년이나 묵은 것들이니 이렇게라도 남아 있는 것이 대견하다는 생각을 했다.

자리에 앉자 옛 기억을 더듬어가며 아련히 그립고 보고 싶었던 것을 하나 둘 찾아보았다. 서점 머리에서 기다리고 기다리던 새달호의 표지를 보고 뛰어오르도록 반가웠던 그 어느 달의 표지도 찾아보고, 가슴 조리며 매달 읽던 연재소설, 그리고 그 삽화들도 이리저리 들쳐보았다.

해방 이후의 과도기였기에 모든 것이 부족하고 여러 일에 미숙하던 시절이다. 아동 잡지라고 별다를 수가 없었을 것이다. 종이의 질도 나쁘고 인쇄 수준도 몹시 낮았다. 어릴 때 그렇게 멋있게 보였던 표지 그림도 어처구니없도록 조잡한 석판 인쇄물로 당연히 디자인도 단순하고 색깔도 유치한 것이었다.

겉모양만 그런 것이 아니었다. 대부분의 글들도 다시 보니 다 우리 문학사에 길이 남을 작가들이나 월북 문인들이 쓴 글이었지만, 그 내용을 읽어 보면 대가들의 글이라고 보기엔 어쩐지 엉성하고 어설프기 짝이 없었다.

아이들이 읽는 글이라고 무성의하게 갈겨 쓴 것은 아닐 터이니, 그분들의 모든 글들이 몇몇 대표작 같은 수준을 늘 유지하고 있었던 것은 아닐 것이라는 짐작이 간다. 그래도 본격적인 문학을 하는 분들이 너도 나도 어린이들을 새 나라의 일꾼으로 잘 키우겠다는 열의를 가지고 아이들을 위한 글을 썼다는 사실이 놀라웠다. 물론 요즈음과 같이 분업이 안 된 때의 풍조라고 냉정하게 평가 절하를 할 수도 있다.

저녁 폐관할 무렵 도서관을 떠나오면서 나는 무어라고 표현할 길 없는 복잡한 감정에 휩싸였었다. 아쉬운 듯한 감정이 마음 한구석에 남기는 했지만, 그래도 오랜만에 바라던 것을 손아귀에 거머쥐었을 때와 같은 만족감도 느껴지고, 드디어 어려운 걸음을 해서 보고 싶은 것들을 볼 수 있었다는 성취감을 느끼다가도 괜스러운 짓을 하여 아름답던 환상이 산산조각이 나고 말았다는 안타까움도 그 뒤를 따랐다.

젊은 날 사귄 이성들을 하나하나 차례로 만나 보는 여인의 이야기, 영화 《무도회의 수첩》의 서글프고 쓸쓸한 종말에서 품게 되는 감정과 닮았다.

나는 가족들이나 주변 친구들로부터 '과거 지향적인 사람'이란 말을 자주 듣는다. 스스로 생각해 보아도 다분히 그러한 성향을 지니고 있는 것 같다. 그리고 그러한 경향이 최근에 와서 조금씩 더 심해지고 있다는 자각도 하고 있다.

직장에서의 경우를 빼놓는다면 어떤 좌석에서도 나의 화제는 곧잘 옛날 회상으로 연결되어 옮아가곤 한다. 한 사람이 지닌 과거라는 것이 방대하고 다채로울 것 같지만은 얼른 생각이 나서 입으로 나오는 추억담은 레퍼토리가 그렇게 다양

하지 못하다. 딸아이는 내가 어떤 지난날 이야기를 시작하면 "아빠 그 이야기 일곱 번째야."하곤 더 이상 들으려는 척도 하지 않는다. 혼자 기분이 나서 이야기를 시작한 사람이 머쓱해져서 입 안으로 한두 마디 투덜거리다가 그만두게 된다.

그러던 아이가 이태쯤 전에 자기 대학 도서관에서 잡지 『소년』여러 권을 여기저기 복사를 하여 한 권 두툼한 책으로 예쁘게 장정을 해서 가져왔었다. 1948년 8월호부터 1950년 6월호까지 23권이 발행된 잡지였다.

나는 그 잡지를 창간호에서부터 한 권도 빠뜨리지 않고 전쟁이 일어나 발행이 정지될 때까지 모았다. 그리고 온 가족이 부산으로 피난을 갈 때 어른들 모르게 그것을 모두 줄이고 줄이는 피난 보따리 속에 감추어 넣었었다. 그 귀중한 재산을 동생들이 크면서 모두 없애버렸다. 그 이야기를 나는 자주 아이에게 하면서 그 잡지에 연재된 아름다운 이야기와 인상 깊었던 그림과 기사들에 대한 넋두리를 해왔었다. 그 이야기에 늘 시큰둥하던 아이가 무슨 생각이 나서인지 내가 특별히 언급한 부분들을 용하게 기억해서 하나하나 찾아 곰살궂게 복사를 해온 것이었다.

나는 그것이 그 동안 내 아이에게 받은 여러 가지 선물 중에서 드물게 마음에 드는 것 가운데 하나라고 생각하고 잘 갈무리하고 있다.

그 일이 있은 후부터 세상에 도서관이라는 것이 있어서 그러한 것들을 잘 간수해 오고 있다는 것을 새삼스럽게 다시 깨달았다. 그래서 그때 『소년』처럼 열성스럽게 다 사 모으지는 못했었지만, 같은 시기에 발간이 되어 즐겨 읽던 『소학생』이라던가 『어린이나라』같은 잡지들도 다시 만나보고 싶다는 생각을 하면서도 짬을 좀처럼 내지 못했던 것이다.

결국 그 날 오랜 바람의 일부를 이룰 수 있었다. 그러나 그 이후로는 더 이상 옛 책을 찾아보고 싶은 욕망이 별로 일어나지 않는다.

내가 도서관에서 만난 그때의 책들은 그 책의 미라mirra에 지나지 않는다는 느낌을 지울 수 없다. 낡고 빛바랜 그 책은 더 이상 읽을 수 있는 책이 아니라 어떤 책이 대충 이런 것이었다는 그 형상을 가장 메마르게 간직한 사체에 지나지 않았다. 아이의 복사본은 그래도 원래 그 책의 숨결이 조금은 느껴지는 것 같았다.

그러고 보면 이웃 나라에서 유행하듯이 누가 그 잡지들을 복각해서 출판을 한다면 그 느낌이 달라지리라고 생각한다. 그러나 잡지들의 보관 상태가 국립도서관의 것도 그 형편이니, 누가 뜻이 있다고 쉽게 실현할 수 있는 일도 아니며, 설령 복각판이 이루어진다 해도 필경은 민속촌 속의 옛것 재현이나 다를 바 없는 답답하고 억지스러운 느낌을 줄 것이다.

내가 다시 만나보고 싶은 것은 책뿐이 아니다. 하늘같이 미덥고 포근하게 느껴지던 어린 시절의 어머니 얼굴이며, 어느 골목 초가집에 길가로 난 쪼그만 들창, 포플러가 아닌 미루나무가 열 지어 바람으로 윙윙 소리치며 서 있는 눈 덮인 들판길이며, 매미 소리 소낙비 쏟아지듯 요란하던 짙은 밤나무 숲이며, 그 가운데를 질러 흐르던 깊은 냇물, 내가 다닌 초등학교 4학년 5반 교실 나무 미닫이 출입문이며, 2인용 긴 나무 책상과 걸상이 보고 싶다. 이런 그리운 것들을 어디 가면 다시 만날 수 있을까?

『소년』잡지 1948년 9월호에서 젊은 날 시인을 꿈꾸던 김원룡金元龍박사의 동시 한 편을 만났다.

제목은 '카나리아' 이다.

가뜩이나 고향산 수풀이 그리워
목 놓아 우는 때가 많은 몸인데
산천이 다 잠든 외로운 밤에
어찌타 달빛은 금빛 깃에 머무는가.
남국 못 잊어 창살 뜯는 카나리아
이 밤도 울다 또 까무러치다.
달 하늘 솟아 별이 드물고
보라 빛 땅에 퍼져 수를 놓는 밤
바람은 무심코 지나가는데
벽만 안고 쓰러진 카나리아 불쌍해.

(1996)

시를 외우며

초등학교 시절에는 공무원이었던 아버지가 이 지방 저 지방으로 전근이 잦아 낯선 고장의 새 학교로 전학을 자주 다녔다.

2학년에 올라가자 얼마 되지 않아 입학 후 3번째로 또 전학을 갔다. 새 학교에 전학 수속을 마치고 반을 배정 받은 뒤, 다음날 아침에 등교를 하여 교실로 들어갔다. 먼저 와 있던 아이들은 물론 새로 도착하는 아이들도 모두 제 자리에 책 보따리를 놓고 앉자마자 눈을 감고 선생님이 올 때까지 4·4조의 운율이 붙은 소리를 크게 합창했다. 그 전 학교보다 학과 진도가 빨라 벌써 구구단을 외우고 있었던 것이다. 나는 그 생소한 광경에 무척 당황을 했다. 곧 산수 수업 시간이 되자 아이들이 외우던 것이 무엇을 뜻하고 무엇을 위한 것인가는 알게 되었지만, 그 뒤로도 구구단을 단체로 암송하는 경우에는 무턱대고 우물쭈물 따라 할 수도 없어 입을 꾹 다물고 있었다. 며칠 동안 그렇게 버티는데 담임선생님이 눈치를 채고 왜 너는 외우지 않느냐는 질문을 했다. 나는 엉뚱하게 별 필요를 느끼지 않아서 그런다고 대답을 했다. 굳이 구구단을 외우지 않더라도, 같은 수를 몇 번씩 더해주는 덧셈으로도 계산이 된다는 설명까지 했다. 선생님은 빙그레 웃더니 칠판 한구석에 단위가 서너 자리나 되는 긴 두 수의 곱하기 문제를 써놓고, 나에게 앞으로 나와서 풀어보라고 했다. 칠판 앞에 서서 어쩔 줄 몰라 하는 나에게 선생님은 보라는 듯이 천천히 구구단으로 계산을 해서 답을 써놓고는, 시간이 모자라면 집에 가서라도 맞는 답인지 아닌지 네 방식으로 계산을 해서 확인을 하라고 했다.

구구단의 위력에 감복한 나는 집으로 돌아와 그때 마침 집에 머물던 삼촌에게 구구단을 가르쳐 달라고 했다. 일본에서 공부를 한 삼촌은 우리말로 가락을 부쳐 외우는 것은 서툴렀지만 1단에서 9단까지를 다 써 주었다. 나는 그 날로 반 아이들 가락 흉내를 내서 그것을 다 외웠다. 그 이후 누구나 그러하듯이 어떤 경우에도 잊는 법 없이 그것을 활용을 하고 있다.

그 몇 해 뒤의 일이다. 겨울 방학 동안 설을 전후한 시기에 아이들이 우리 집에 모여서 자주 시조 카드놀이를 했다. 한 아이가 각 시조의 초, 중장이 적힌 카드를 차례로 읽으면, 아이들은 방바닥에 놓여 있는 카드 중에서 그 시조의 종장이 적힌 것을 서로 먼저 찾아서 집어오는 놀이였다. 그 놀이를 하다 보니 3 · 4조를 기본으로 한 정형시라 그랬던지 그 시조들을 쉽게 외우게 되었고, 특히 자수가 3 · 5 · 4 · 3으로 구성된 종장들은 지금도 입에서 술술 나올 정도로 머릿속에 남아있다.

고등학교 입학을 하자 국어 선생님이 기회가 있을 때마다 우리에게 교과서에 나오는 시는, 우리 말 시뿐만 아니라 외국어 시까지 다 외우도록 하라는 권고를 했다. 그 선생님을 특별히 따르던 나는 고등학교 재학 중에 교과서에 실린 것들뿐이 아니라 꽤 여러 편의 시를 외웠다. 우리 시로는 청록파를 중심으로 한 그 언저리의 시, 그리고 영시는 워즈워드, 제2외국어로 배웠던 독일어 시는 릴케 것과 헤세 것을 주로 외웠다. 시들은 정형시가 아니더라도 다 내재율을 가지고 있기 때문에 큰 소리로 읊다 보면 노래처럼 느껴지며 잘 외워졌다. 특히 우리나라 시보다 각운이 있는 서양의 시는 더 외우기가 수월했다.

그러나 무엇보다 오래 기억되는 것은 곡이 붙은 가사인 것 같다. 가끔 기분이 좋은 아침에는 세수를 하면서 입으로 노래를 흥얼거린다. 그런데 그 노래가 대부분 어릴 때 듣고 부르던 유치한 노래일 경우가 잦다. 언제 쩍 것인데 아직도 이렇게 남아있다는 것에 스스로 놀랄 때도 많다. 또 신기한 것은 그런 노래보다는 뒤에 익힌 것이지만 이태리 가곡이라서 그 의미도 정확하게 모르는 길고 복잡한 가사를 온전히 기억하고 부르고 있는 점이다.

말이란 어떤 가락에 맞추어 외워야 머릿속에 쉽게 그리고 오래 남는다는 증거들이다.

사람이 문자를 발명하지 못했을 때는 어떤 사실을 후세에 전하기 위해서는 운율이 있는 말로 이야기를 만들어, 입에서 입으로 여러 세대의 사람 머리 속에 릴레이식으로 저장하는 방법을 주로 사용했다. 동서양을 막론하고 인류의 가장 오래된 고전들은 거의 운문이다. 우파니샤드, 시경이 그렇고 일리아스, 오디세이아가 그렇다. 그것들은 문자가 발명되기 전부터 구전되어 오던 것이 모체가 되었거나, 그 이후의 것도 암기에 적합한 형식인 운문으로 만들어진 것으로 보인다. 서사시는 책으로보다는 주로 음유 시인의 구전으로 그 생명이 유지되어 왔고 전파되었다. 우리나라 판소리도 주로 문맹이 많던 시절의 구비문학이었다.

요즘도 나는 자주 시를 외우고 있다. 젊을 때 외운 시들을 가끔 암송하면 즐거워진다. 그래서 좀 더 다양한 레퍼토리를 갖고 싶은 생각을 버릴 수 없다. 그렇지만 나이가 들어 외운 시들이 오래 남아나지 못한다는 슬픈 사실을 뼈저리게 맛보고 있다. 왜 젊을 때 좀더 많은 시를 외우지 않았을까 후회를 하지만 다 지난 일이니 어쩔 수 없는 일이다. 그래도 마음에 드는 시를 발견하면 며칠을 걸려 외우고, 또 잊어버리지 않기 위해 자주 되풀이해서 읽는다.

이런 취미는 오랜 옛날 문자가 없던 석기 시대에 살던 사람들과 같은 정서가 바탕을 이루고 있는 것일지 모른다. 그들이라고 음운이 있는 말을 암송하는데 따르는 여러 가지 즐거움을 의식하지 않았을 리가 없다.

컴퓨터의 보급으로 주판을 써서 계산을 하는 사람들이 급격히 줄어들고 있다. 당연히 구구단도 사람의 필수적인 기초 소양이 될 필요가 없는 세상이 되어가고 있다. 맞춤법을 잘 몰라도 바른 글을 쓰고, 한자漢字을 일일이 기억하지 못해도 적절한 한자 단어를 골라 쓸 수 있는 세상이 되었다. 손바닥만 한 크기의 CD 나 DVD 한 장에 얼마나 많은 정보가 저장되는지 사람의 기억력이 나설 자리가 없다. 이런 세상을 살면서도 나는 아직 고집스럽게 짧은 시 몇 줄을 외우는 즐거움을 탐하고 있다.

(2000)

늦친구

나이를 먹어 가면서 점점 느껴지는 것이 주위에 속을 터놓고 지낼 만큼 미더운 지기지우知己之友이 없다는 적막감이다.

조부는 내가 취학을 하기 전 유년기에 한문을 가르쳐 주시며, 앞으로 친구를 사귈 때는 여러 가지로 잘 배워서 어느 면으로 보아도 너보다 나은 아이를 택하도록 힘쓰라는 말씀을 자주 하셨다. 그때 읽었던 『동몽선습童蒙先習』인가 하는 책에도 '택우필승기擇友必勝己'라는 글귀가 있었다는 기억이 남아 있다. 어린 소견에 모두 자기보다 훌륭한 친구만 사귀려고 하면 서로가 친구 되기 아주 힘들겠다는 생각을 했었다.

지금 와서 생각하면 어른들이 좋은 친구를 골라 사귀라고 한 것은 주로 배우는 처지에 있는 어린이나 젊은이를 위한 말씀이었던 것 같다. 긴 장래를 살아 갈 준비를 하는 단계에 행실이 나쁘거나 게으른 친구를 만나서 사귀고 놀다 보면, 같이 타락하거나 낙후되기 싶다는 것이다. 우리가 자랄 때는 좋은 학교 나쁜 학교가 초 · 중 · 고등학교까지 있는 것을 당연하게 여기던 시절이다. 어떤 노력을 해서라도 좋은 학교를 가도록 하라고 독려한 것도 좋은 친구를 만나 선의의 경쟁을 하면서 상보적으로 성장해 가라는 바람이었다.

그러나 그러한 유년기를 제쳐놓으면 살아온 세월이 민주주의의 '사람 차별하지 말라' 는 측면이 유달리 강조된 시기였다. 물론 세상에는 고결한 인격자도 있고 악덕한 불량배도 있을 터인데, 어두운 밤에 만물이 같은 색으로 보이듯이, 민주주의는 그러한 차이들은 모두 사상捨象해 버리는 것 같았다. 더구나 한편으로는 '노인 동무' 라는 말이 상징하는 과격한 사상도 유행을 했다. 우리 어릴 때는 친구를 '동무' 라고 부르는 것이 더 일반적이었다. 잠시나마 장유유서長幼有序의 구분이 무의미하고 부귀빈천富貴貧賤이란 자리매김도 전도가 되는 느낌을 받았다.

하긴 어른들도 일찍이 어떤 사람이라도 사람은 다 중한 존재라고 했다. 그러나 그 사람 됨됨이에 따라 잘 구분해서 적절하게 대응하라고 가르쳤다. 그러니 가장 좋은 방도라고는 할 수 없더라도, 이 동무 저 친구 차별하지 말고 적당히 사귀며 사는 것이 가장 무난하다는 생각을 하게 되었고, 그렇게 살아 왔다. 무슨 일이든 정성을 드려야 좋은 결실을 얻을 수 있다는 사실이, 친구 사귀는 일에 있어서도 간과되어 온 것이다.

작년부터 중, 고등학교 동창 몇이 뜻을 모아 그 중 한 친구 사무실에서 일주일에 한 번씩 선생님을 초빙하여 논어論語 공부를 시작했다. 교재는 주자朱子의 『논어집주論語集註』다. 그런데 선생님이 그런 고서에는 통 어울리지 않는 30대 초반의 재모를 겸비한 여자 분이다. 그냥 바라보는 것만으로도 즐거운 형편인데, 한문도 요즘 식으로 공부하면 젊어서도 이런 경지에 이르는가 하고 놀랄 정도로 주변 학문에 이르기까지 박학다식하다. 금상첨화錦上添花에 일석이조一石二鳥란 바로 이런 경우를 일컫는구나 하고 희희낙락하며 꼬박꼬박 참석하고 있다.

논어는 살아오는 동안 사는 데 필요해서도 한 번, 지루한 겨울밤을 보내기 위해서도 몇 번, 우리말로 또는 두어 가지 외국어로 통독할 기회가 있었다. 다시 읽을 때마다 새록새록 새로운 맛이 난다. 논어는 나이로 읽는다는 말도 있는데, 그 말의 뜻을 실감하게 된다. 그런데 이번에는 집주를 공부하다 보니 더 많은 한문을 접하게 되고, 소주小註까지 훑어서 새로 얻는 것이 많다.

그러나 이 모임에는 또 다른 큰 즐거움 하나가 따른다. 서로 무심히 다른 분야에서 살아온 옛 학우들을 매주 한 차례씩 다시 만나 같이 공부도 하고 담소도 하는 즐거움이다.

논어 공부를 하는 모임이니 자연 그 내용에 관한 진지한 토론이나 잡담이 따르기 마련이다. 한 번은 '무우불여기자無友不如己者하라.'는 공자 말씀이 화제에 올랐다.

불교 공부를 하는 친구가 같은 취지의 말을 석가도 하고 있다고 했다. 단마바다法句經 가운데서 '길을 나서서 자기보다 나은 사람이나 자기와 같은 사람을 만나지 못하면 차라리 결연히 혼자 가거라. 어리석은 자를 길동무로 삼아서는 안 된다.', '악한 친구와 벗하지 말고 천한 사람과 어울리지 마라. 착한 친구와 사귀고 귀한 사람과 벗하여라.'라고 가르치고 있는 것을 두고 한 말이다. 기독교인인 친구는 타인에 대한 조건 없는 사랑을 강조하는 예수와는 모두 다른 가르침이라는 말도 했다.

나는 자기보다 못한 자는 벗삼지 말고 나보다 나은 자를 벗으로 택하라면, 흔히 서로 짝사랑이 되어 한쪽을 대해서는 반발하고 다른 한 쪽으로는 접근하려고 들 터인데, 모든 사람이 우열이 없다면 모를까 친구 사귀기 힘들겠다는 어릴 때 품었던 의문을 우스개로 내 놓았다.

물론 어떤 한 사람이 좋은 사람이냐 나쁜 사람이냐 하는 것은 보는 사람에 따라 다 다를 것이고, 자기보다 나은 사람이냐 그렇지 못한 사람이냐 하는 판단도 누가 하느냐에 따라 달라질 것이다. 또 사람을 한 가지 측면으로만 보고 그 사람의 전부인 양 규정하거나 평가할 수는 없다. 사람은 각기 좋은 부분도 있고 나쁜 부분도 있는 다양성을 지닌 존재다. 그래서 서로 자기보다 낫다고 생각하거나, 나에게 없는 장점을 갖고 있는 사람을 현실에서는 쉽게 만난다. 그래서 의문은 해소된다. 그러나 엄밀하게 따진다면 형식 논리학적으로는 그대로 난문難問으로 남는다.

좋은 친구를 사귀겠다는 노력은 한 적도 없으면서, 요즘 와서 이 친구만은 좋은 벗이다 하고 믿었던 사람의 다른 한 측면을 발견하고 상처를 받는 일이 잦다. 일찍이 사람 보는 눈을 키우지 못한 것을 후회하다가 가만히 생각하니, 붕우朋友는 동류지인同類之人이라 했고, 유유상종類類相從이라는 말이 있었다는 것에 생각이 미친다. 어쩌면 연부역강年富力强했던 한 철, 매사가 소위 '잘 나갈 때' 나도 주위에 대해 너무 독선적이고 이기적이지 않았나 하는 생각이 든다. 그러나 아무리 뉘우쳐도 그건 그것이고 막역한 친구가 그립다는 기분은 그대로 남는다.

딸아이도 공부를 떠나고 없는 집이다. 둘이만 살다 보니 집사람도 그런 내 기분을 눈치로 짐작하고 안쓰러워하는 것 같다. 그렇다고 그런 것쯤하고 반찬거리 구해오듯 선뜻 달려가 시장이나 슈퍼에서 몇 개 사다 줄 수도 없으니 별달리 내조를 할 방도가 생각나지 않는 모양이다. 많은 것을 같이 해 왔는데, 최근에는 술 한 잔하며 나누는 이야기 상대로도 사서 나선다. 자기가 느지막이 벗 노릇까지 하려고 드는가 보다 하고 속으로 웃고 있다.

(1996)

사람의 성격

19세기 러시아의 문호 투르게네프Turgenev는 사람의 성격에는 내성형인 햄릿형과 저돌적인 형인 돈키호테형이 있다고 했다. 그가 사람의 성격을 이 두 가지 대표적인 형으로 분류대비한 것은 물론 문학적인 구분이기 때문에 과학적인 근거를 지닌 것은 아니다. 그리고 이 두 가지 성격은 모순 관계가 아니라서 이와 다른 형의 존재 가능성을 부정한 것도 아니다. 그러나 사람들은 누구나 이 두 가지 유형 중의 어느 한 부류에 해당한다고 지레 짐작을 하고, 이 양분법에 따라 서로를 구분해 보려는 습성을 지닌 듯하다.

나도 젊을 때 이 두 유형 중 자신이 어느 형에 속하는지 판단이 서지 않아 한참 고민을 한 적이 있다. 무슨 하찮은 일을 하나 하려고 해도 며칠을 두고 이리저리 별 생각을 다 해보는 면을 생각하면 자신이 햄릿형일 것 같았다. 그러나 어쩌다 욱하고 자기도 모르게 거친 행동을 해놓고 뒷수습을 하느라 쩔쩔매게 되는 경우도 결코 적지 않으니 돈키호테형인 것 같기도 했다.

주위의 몇 친구에게 내가 어떤 형으로 보이느냐 물어 보았다. 대답은 대체로 나의 다혈질적인 면을 내세워 돈키호테 쪽이라고 단언하는 편이 더 많았다. 그들의 이야기 가운데는 듣기에 따라 사나이답다는 칭찬으로 들리는 부분도 있었지만, 사려 분별이 모자라는 멍청이로 취급당하는 것 같아 괘씸한 생각이 들기도 했다.

다혈질적이라는 말은 사람 성격의 기초가 되는 기질을 두고 하는 말이다. 로마 시절 의학자 갈레노스Galenos는 히포크라테스Hyppokrates의 4가지 체액설에 기초를 두고, 그 배합 비율에서 어느 체액이 우월하냐에 따라 사람의 기질을 네 가지로 분류했었다. 저 유명한 점액질, 다혈질, 우울질(흑담즙질), 담즙질이 그것인데, 18세기에 벌써 네 가지 체액의 존재가 근거 없는 소리로 판명이 나, 현대 의학이나 심리학에서는 그의 기질에 대한 설은 완전히 무시되고 있지만, 그 역사적인 명명命名만은 아직도 여러 분야에 남아서 흔히 사용되고 있다.

다혈질적이라는 말이 그 분류법에 의한 내 기질을 이야기하는 것이라면 다분히 나의 외면적인 일면만을 보고 말하는 것이다. 내면적으로는 스스로가 우울질에 더 가깝다고 생각하고 있기 때문에 자신의 기질이 어느 쪽이냐 하는 것도 좀처럼 결론이 나지 않는 문제이다.

중학교 생물 시간에 혈액형에 따라 사람의 성격이 다르게 결정이 된다는 것을 배웠다. 군 복무를 위해 논산 훈련소에 입대를 할 때 신체검사에서 혈액형이 AB라는 판정을 받았다. 그래서 복무 기록표에는 물론 군번 패에도 AB라는 표시가 찍혀 제대를 하기까지 그것을 목에 걸고 지냈다. 그 혈액형이 지시하는 성격은 내가 햄릿이냐, 돈키호테냐 하는 것을 간단하게 판단하는 데는 별 도움이 되지 않는 좀 애매한 것이었다. 그래서 내가 스스로의 성격을 판단하기 어려웠구나 하고 생각했었다.

그러나 군대라는 곳에서는 때로는 어이없는 일이 일어나기도 한다. 제대를 하고도 무심히 지내다가 어느 기회에 병원에 가서 정식으로 내 피 검사를 하게 된 적이 있었다. 그 때야 의외로 내가 사실은 B형이라는 것을 알았다. 한심하기 짝이 없었지만 잘못 인식된 혈액형 때문에 목숨을 잃는 일까지는 일어나지 않은 것을 다행이라고 생각할 수밖에 없었다. 그 이후로는 B형인 자신은 역시 돈키호테형에 더 가까운 성격인 모양이라고 생각을 정리했었다.

그렇지만 얼마 가지 않아 과학적으로 확실한 근거가 있는 이야기로 알고 있던 혈액형에 의한 사람 성격 분류가 20세기 과학의 엄청난 착각이라는 사실이 알려졌다. 남다른 곡절 끝에 내리게 된 결론이 다시 원점으로 되돌아갔다는 이야기가 된다.

그 뒤로는 자신의 성격에 대한 투르게네프 식 구분에는 별 흥미를 느끼지 못하고 지내며, 그냥 스스로를 상당히 모순된 두 면을 가지고 있는 인간쯤으로 생각하고 있다.

요즘은 나름대로 살아온 경험을 바탕으로 해서, 사람을 대체로 두 가지 성향으로 구분해 보는 세인의 상식적인 견해를 받아들이고 있다. 매사에 긍정적인 접근을 하는 긍정형과 부정적인 시각을 갖는 부정형이다.

예를 들어보면, 최근에 테러를 당한 미국이 아프간을 치는 것을 정당하다고 보는 사람과 그와는 달리 아프간이 굴하지 않고 새로운 보복을 하기를 은근히 기대하는 사람의 경우다.

이 두 형은 어느 것이 좋고 나쁘다고 따질 가치 판단의 대상은 아닌 것 같다. 분명한 것은 다 같이 우리가 살아가고 있는 이 세계에 엄연히 존재할 뿐만 아니라 세상을 위해서도 불가결한 형이라고 생각한다. 긍정적인 성향의 사람은 어느 사회에서나 보수 안정 세력을 구성하고 있다. 부정적인 사람은 현상에 대한 불만이 강해 끊임없이 변화를 바라는 개혁적인 세력이다. 이 두 유형의 사람들 중에 어느 유형이 더 세가 강하냐에 따라 어떤 사회, 어떤 국가의 성향이 형성되고, 그 역사도 결정이 된다고 본다.

우리나라의 역대 대통령이 그 자리에서 물러나서는 한 분도 국민의 존경을 받지 못하고 폄하되는 현상을 보고, 우리나라를 부정적인 성향이 강한 나라라고 보는 우리 주변의 견해도 있는 모양인데, 군주를 하나의 혈통으로 천년 이상이나 이어 받들고 있는 나라와 비교해서 하는 이야기라면 부정만 할 수는 없을 것 같다.

나 개인은 긍정적인 성향의 부류에 속한다고 생각하기 때문에, 내가 혹시 요사이에 흔히 거론되는 이 사회의 소위 '반동분자'에 속하는 것이 아닐까 하는 자괴의식에 빠질 때도 있지만, 언제나 보수적인 언행을 선호하며 살아가고 있다. 그러고 보면 아마도 나는 자기 몸 사릴 줄도 모르는 돈키호테형인가 보다.

(2001)

성냥 파는 소녀

안데르센의 동화 '성냥 파는 소녀'를 내가 처음 읽었던 것은, 지금 어린이 기준으로 본다면 비교적 늦은 편인 초등학교 4학년 때인 1948년 겨울이었다.

그해 겨울은 유난히 추웠다.

여름에는 대한민국 정부가 수립되었고, 11월 초에는 대구에서 소위 '6연대 반란 사건'이란 것이 터졌었다. 그 전 달에는 전라도에서 '여순 반란 사건'이 발생하여 그 참담한 후유증이 채 가시기 전이었는데, 경상도에서도 일부 군인들의 반란 사건이 또다시 일어났던 것이다. 그러나 그 사건은 그리 큰 규모로 발전을 하지 않고 조기에 수습이 되었던 모양이다.

우리 집은 바로 그 사건이 일어난 후 얼마 되지 않은 늦가을에 경주에서 대구로 이사를 했다. 그때의 학제로는 9월에 새 학년이 시작되었기 때문에 진학을 하고 몇 개월이 되지 않아서 전학을 한 셈이다.

그때 우리는 군인 가족도 아닌데, 어렸던 나로서는 무슨 사연이었던지 짐작할 수도 없었지만 '육군 관사' 라는 곳에 임시로 입주를 했었다. 상수도 배수 시설이 있던 '수도산' 한쪽 자락인 나지막한 구릉 지대에 띄엄띄엄 세워진, 옛 일본 군 장교와 가족들이 살던 집들 중의 한 채였다. 철조망으로 둘러쳐져 있는 단지 입구에는 초소가 있었고, 겨우내 누런 군복 외투를 걸치고 총을 맨 군인이 24시간 교대로 보초를 섰다.

친척 되는 어른 한 분이 우리 집에 들렀다가 밤에 모닥불을 피우고 서 있는 그 보초병을 보고는 "저렇게 지켜준다고 서 있지만 언제, 어떻게 변할는지 누가 알 수 있어야지." 하며 오히려 우리 가족의 안위가 걱정스럽다는 듯이 말을 했다. 그토록 시국은 어수선했고, 어린 마음에도 언제, 무슨 일이 일어날는지 불안한 나날이 계속되고 있었다.

새로운 친구들이 생기기에는 기간이 너무 짧았던 탓도 있었지만, 사는 동네가 그렇게 일반 주택과 격리된 곳이다 보니, 겨울 방학이 되자 나는 언제나 외톨이었다. 그래서 그해 겨울에는 집안에만 틀어박혀 책만 읽었다.

연말이 가까운 어느 날, 시 중앙통에 있는 서점에 가서 『소년』12월호를 사 왔었다. 그해 8월에 창간이 된 어린이 잡지였는데, 첫해부터 연재된 「꽃필 때까지」라는 소설이 어린 마음에 너무 재미가 있어 꼬박꼬박 사 보던 것이었다. 그 달 표지에는 산타클로스가 뿔 달린 사슴들이 끄는 썰매를 타고 밤하늘을 날고 있는 그림이 그려져 있어 보기만 해도 가슴이 설레고 오래간만에 온통 세상이 즐거움으로 넘쳐나는 것 같은 느낌이 들었었다.

그런데 엉뚱하게 그 책에서 「성냥 파는 소녀」를 처음 마주쳤던 것이다. 그 전에도 얇은 한 권의 책으로 된 『안데르센 동화』를 읽은 적은 있었다. 「인어 공주」라든지 「못난 오리 새끼」같은 이야기들이 있어서 뭔가 슬픈 이야기가 많다는 느낌을 받았지만 「성냥 파는 소녀」는 실려 있지 않았었다.

잡지를 사온 날 밤, 사랑방에서 아버지 곁에 누워 뒹굴며 아름다운 삽화가 곁들인 그 이야기를 읽었을 때, 그때까지 읽은 다른 어떤 이야기보다 말할 수 없을 정도로 아주 씁쓸한 뒷맛이 따르는 것을 느꼈다.

성냥을 파는 가난한 맨발의 소녀가 섣달 그믐날 밤에 배고프고 언 몸을 골목 한구석에서 성냥불로 녹이려다가 죽어갔다는 짤막한 이야기지만, 그 기막힌 이야기를 그 잡지는 '소녀는 성냥 파는 아이였다……. 하루 종일 쉬지 않고 걸어 다녔지만, 아무도 아무도 사 주지는 않고, 찢어진 일 원짜리 한 장 주는 사람도 없었다.' 하고, 군데군데 아주 영탄조로 그리고 그 일이 바로 그때 우리나라 현실이나 되는 듯 한 표현들로 옮겨놓고 있었다. 하기야 그때만 해도 대구 같은 남쪽 지방에서조차 겨울이면 동사자凍死者가 흔히 나왔고, 다리 밑에는 집 없는 노숙자가 거적을 치고 살고 있었다. '성냥 파는 소녀'는 먼 남의 나라 이야기가 아니라 바로 문 밖 길거리에서 겨울이면 일어나고 있던 그 당시 우리나라의 현실이기도 했었다.

그 뒤로는 두고두고 어른이 되도록 연말이 다가오면 으레 그 이야기가 머릿속에 떠오르고 가슴이 답답해지는 고통을 당했다.

3, 4년 전인가 『소피Sophie의 세계』라는 책이 돌연 온 세계의 초베스트셀러가 되었었다. 고등학교에서 철학을 가르친 적이 있다는 노르웨이의 한 작가 요스타인 고르데르Jostein Gaarder가 쓴 일종의 철학사 이야기인데, 마침 이웃 나라 여행 중에 서점마다 요란한 선전 벽보가 나붙고, 점두店頭에 산처럼 쌓여 날개 돋친 듯이 팔리고 있는 그 책을 보고 덩달아 한 권 사서 읽었었다. 그러나 다 읽고 나서도 왜 이런 종류의 책이 20세기도 다 저물어가는 이 시대에 그렇게 널리 읽히는지 까닭을 짐작할 수 없는 평범한 내용의 책이었다.

구태여 특이한 구석을 찾아본다면, 철학사라는 무미건조한 이야기를 환상과 현실이 뒤섞인 미스터리 풍의 소설 형식으로 서술한 점이다. 고대로부터 현대까지 각 시대의 철학을 시대 순으로 해설하는 화자話者와 그것을 듣는 소피라는 소녀의 정체가 무엇인지 읽어갈수록 궁금해져서 책을 끝까지 놓지 못하도록 구성되어 있다.

그 책 가운데 마르크스를 다룬 장에서 소피는 안데르센의 '성냥 파는 소녀' 를 만난다. 바로 그녀가 마르크스가 살던 시대적 배경을 가장 잘 나타내는 인물로 등장하는 것이다. 안데르센도 19세기 중엽 마르크스와 같은 시대를 살던 사람이다. 동화라는 장르를 통해 그가 살던 사회의 비참한 측면을 의식적으로 고발한 것은 아닌 것 같지만, '성냥 파는 소녀' 는 그 당시의 시대상을 아주 잘 반영하고 있다.

작년 연말부터 시작된 국가 금융 위기로 나날이 실업자가 늘고 있어, 거의 사라졌던 생활고로 빚어지는 각종 사회 병리 현상이 다시 고개를 들고 있다고 한다. 긴 장마로 썰렁한 여름을 보낸 올해는 여느 해보다 더 추운 겨울이 예상된다는데, 이번 겨울에 우리 사회에서도 '성냥 파는 소녀' 가 다시 지난날의 남의 나라 동화 이상으로 의미를 갖게 될까 두렵다.

(1998)

마티스의 그림
카네기홀
책이 불어나는 사연
고전古典읽기
안개 속에서
논어論語
나의 테발디
가지 않은 길

마티스의 그림

다니던 회사 근처에 순두부집이 하나 있었다. 지난 80년대에서 90년대까지 자주 드나들던 집이다.

한길을 향해 나 있는 좁고 허름한 출입문으로 들어서면, 천정은 되어 있지만 원래는 그 집 안마당이었으리라고 짐작되는 공간에 식탁과 의자들이 놓여 있었다. 그 메인 홀 안쪽 'L' 자로 양면에 자리 잡은 마루와 온돌방들에도 손님들 좌석이 마련되어 있었는데, 식사 시간대에는 모든 문들이 활짝 열려 있어, 시골의 흥겨운 잔칫집을 연상시켰다.

찌개는 매운 음식을 좋아하는 사람들조차도 땀을 뻘뻘 흘릴 정도로 매웠지만, 점심때나 저녁시간에는 언제나 붐벼서 빈자리 차지하기가 어려울 정도였다. 많은 단골손님 중에는 가까이 미국과 일본 대사관이 있어서인지 외국 사람도 많았다. 가장 민속적인 것이 가장 세계적이라는 말이 음식에서도 잘 통하는 모양이었다.

그런데 그 식당에는 비록 인쇄된 복사물이긴 하지만 온통 앙리 마티스Henri Matisse의 그림들이 벽마다 걸려 있었다. 처음에는 낡은 한옥, 그것도 전통적인 우리음식을 하는 식당에 웬 마티스 그림일까 하는 생각이 들었다. 그러나 거듭 볼수록 그 그림은 엉뚱하게 보이지 않게 되었고, 오히려 식당에서 마티스만 고집스럽게 걸어놓은 까닭도 나름대로 짐작이 가는 것 같았다.

생전에 마티스는 자기 그림을 보는 사람에게 '팔걸이의자처럼' 편안한 느낌을 주기 위해 그림을 그린다고 말했었다. 순두부를 먹으러 갈 때마다 앉게 되는 좌석이 대체로 달라서 가까이 바라볼 수 있는 그림도 바뀌었지만, 아닌 게 아니라 뜨겁고 매운 음식을 입에 물고 눈에 들어오는 그림을 쳐다보고 있으면 언제나 기분이 상쾌해졌다.

열서너 점이 넘는 그 집 그림 중에서 가장 매력이 있었던 것은 계산대와 직각 방향으로 난 출구 왼쪽 벽에 걸려 있던 「금붕어 Les poissons rouges」라는 이름의 그림이었다. 원탁 위에 놓인 유리 어항에 빨간 금붕어 네 마리가 헤엄치고 있는 얼른 보기에 단순한 구도의 정물화였으나, 하나의 면 위에 그려진 물건들이 의도적으로 몇 가지 다른 시각에서 보이는 것으로 구성되어 있었다. 빨강 노랑 초록 핑크의 화려한 색들이 화폭을 뒤덮어 보는 사람의 눈을 즐겁게 하는 그림이었지만, 찬찬히 들여다보고 있으면 왜 이곳을 이렇게 그렸을까 하는 궁금증이 생겨 혼란스럽고 답답한 느낌이 들기도 했다.

식당에 갔다 나올 때마다 그 그림 앞에 잠시 멈춰 서기를 반복하다 보니 원화를 보고 싶다는 욕망이 강하게 일어났다. 그러나 그 그림이 있는 곳은 모스크바의 푸슈킨 미술관이다. 80년대 말까지만 해도 러시아는 우리에게 그 문을 굳게 닫고 있었다. 현지에 가서 실물을 볼 수 있는 기회가 좀처럼 생길 것 같지 않아, 어쩐지 환상 속에나 있는 그림처럼 생각이 들었다. 그런데 90년대에 들어서자마자 갑자기 소련이 와해되고 거짓말처럼 동서냉전이 끝났다.

1992년 가을에는 뉴욕의 현대미술관에서 '마티스회고전'을 한다는 소식이 들어왔다. 세상이 변하다보니 그 전시회에 모스크바의 푸슈킨 미술관은 물론 상트페테르부르크의 에르미타주 미술관에서도 많은 작품들을 보내와 전시 작품이 400점을 넘는 사상 최대의 마티스전이 된다고 했다. 전시기간은 그해 9월 24일에 시작하여 다음해 1월 12일까지라고 했다.

그때는 회사에서 미국과의 합자회사 일도 맡아 있던 터라 1년에 두어 번 정도 뉴욕에 갈 기회가 있었다. 전시 기간 중에 한 번쯤은 가게 되겠지 하고 여유로운 마음이었으나 그해 가을에 들어서서부터는 다른 급한 일들이 줄을 이어 좀처럼 기회가 나지 않았다. 전시회가 겨우 1주일 정도 남은 1993년 새해 벽두에서야 간신히 미국 서부에 갈일이 생겼다. 그 출장을 이용해서 동부지역까지 돌아오기로 했다.

토요일 밤늦게 뉴욕에 도착해서 다음날 일어나보니 몇 년만의 폭설이라는 많은 눈이 내려 있었다. 차량 통행이 어려울 정도였으나 맨해튼 53번가 미술관 앞에는 이른 아침부터 많은 사람들이 줄을 서 있었다. 다 같이 마티스의 대표작을 한 자리에서 볼 수 있는 일평생 다시 만나기 어려운 찬스를 늦게나마 놓치지 않으려는 사람들이다.

전시 작품이 많다보니 건성으로 본다 해도 7~8 시간은 걸린다는 계산이 나온다. 그래서 보고 싶었던 그림들만 중점적으로 보기로 했지만 10시 개관 때부터 오후 5시 폐관이 될 무렵까지 하루 종일이 걸렸다.

「금붕어」앞에서는 꽤 긴 시간을 머물렀다. 역시 인쇄물로 보던 때와는 다르게 보는 사람이 쉽게 납득을 할 수 있도록 강한 설득력을 지닌 그림이었다. 미술관을 나올 무렵 전시회의 두꺼운 화집을 사면서 혹시 하고 그 그림의 포스터를 찾아보았으나, 예상한 대로 준비가 되어 있지 않았다. 다른 미술관에서 빌려온 작품은 그런 서비스를 안하는 것이 상례다. 그래서 그 그림 대신 약간 망설이다가 현대미술관 소장인 「춤 1 La danse I」이란 그림의 포스터를 한 장 샀다. 이전에 몇 번 그 미술관을 들렀을 때 꼭 찾아보았던 마티스 대표작 중의 하나인데 식당에는 그 그림이 빠져있었다.

귀국하자 다음날 점심시간에 식당으로 가서 별 설명 없이 그 포스터를 건넸다. 식당은 연로하신 친정어머니를 모시고 자매 두 분이 함께 운영하고 있는 것 같았는데, 그 중에 동생되는 분이 유별나게 그림도 좋아하고 음악도 사랑하는 분이라는 것을 그 때서야 비로소 알게 되었다. 그 뒤 식당에는 그 「춤」이 커다란 틀 속에 들어가, 계산대에서 홀을 건너 정면으로 바라보이는 사랑방 안쪽 벽에 다른 그림과 함께 걸려 흥을 돋우고 있었다. 2000년대 들어와서는 그 식당을 거의 가 본 적이 없는 것 같다. 그래서 근황은 잘 모른다. 지금도 그 식당이 여전하다면 그 그림도 그대로 걸려있으리라고 생각한다. 그리고 또 그러하기를 바라는 마음이다.

(2004)

카네기홀

중학교 2학년 때, 한반도에 전쟁이 한창 진행되고 있을 무렵이었다. 대구에서 다니던 학교 교사가 군에 징발되어, 교도소의 죄수들이 경작을 하던 수성천변 채전 한 구석에 급히 세워진 통나무 가교사에서 수업을 받고 있었다. 교실 바닥은 맨땅 그대로였고, 두 반이 한 교실에 합반을 하여 공부를 했었다.

그런 급박한 상황에서도 지금 생각하면 용케도 우리 중학생들은 꽤 자주 단체로 극장에 가서 영화를 관람했었다. 그때 본 영화 중에서 아직도 기억에 남아 있는 것이 《분홍 신》, 《악성 헨델》 등과 함께 《카네기홀Carnegie Hall》이다.

전시 중이라 정말 곤궁한 집 아이들이 많았다. 그래서 영화는 관람을 희망하는 학생들만 가게 되어 있었다. 영화를 보러 가기 전에 희망자를 모으는 며칠간의 기간이 있었는데, 그때

닉네임이 베토벤이었던 음악 담당 선생님이 우리들에게 이 영화를 보지 않으면 뒤에 두고두고 후회할 것이라며, 아주 열성스럽게 관람할 것을 권고했었다. 그 어려울 때도 음악 교실은 별채로 따로 있었는데, 그곳은 그래도 바닥에 마루가 깔렸고 피아노도 놓여 있었다. 정면 벽 한 구석에 베토벤의 데스마스크가 걸려 있었는데, 그 석고상과 선생님의 요철이 풍부한 얼굴이 너무 닮아 보였기 때문에, 우리들은 선배들이 붙인 별명이 참 잘 어울린다고 감심을 했었다.

그 선생님이 《카네기홀》을 봐야 할 이유로 내세운 것은 금세기 최고의 지휘자들이 거의 다 그 영화에 직접 등장하고 있으며, 그 무대가 바로 세계적 음악의 전당인 실제의 '카네기홀' 이라는 것이었다. 우리가 무슨 수로 그 훌륭한 거장들을 한꺼번에 다 볼 수 있으며, 뉴욕의 '카네기홀' 구경을 할 수 있겠느냐며, 이런 영화를 볼 수 있다는 것은 우리의 큰 행운이란 점도 강조했다. 텔레비전도 없었고, 더더구나 비디오레코드 같은 영상 재생장치는 상상도 못하던 시절이니, 한번 지나가는 영화를 놓치면 다시 보기란 어려울 때였다. 그래도 각반 정원의 반 수 정도가 겨우 영화 관람을 했었는데, 다행히 나도 그 중에 속했었다.

가난한 나라 아일랜드의 고아 소녀가 미국에 이민을 와서 우연한 기회에 '카네기홀' 에서 음악을 듣게 된다. 그것이 인연이 되어 그녀는 '카네기홀' 을 사랑하게 되고, 그곳에서 여러 가지 일자리를 얻어 평생을 살아간다. 처음에는 남편을 그 무대에 세우려다가 실패하고, 아들을 어릴 때부터 피아노 공부를 시키며, 자주 카네기 홀에 데리고 가서 거장들의 연주를 보며 자라게 한다. 결국은 그 아들이 피아노 작곡자 겸 연주자로 그 무대를 밟는 것을 본다. 이것이 단순한 그 영화의 스토리였다. 그러니 상영 시간의 대부분은 그 모자가 '카네기홀'에서 거장들의 연주나 지휘를 보는 장면들을 이어놓은 것이었다. 솔직히 어린 중학생에게는 지루하기만 한 영화라 졸음을 참느라 혼이 났었다. 많은 지휘자 중에서 사진으로라도 본 적이 있는 낯익은 사람은 영화 《오케스트라의 소녀》에도 출연했던 스토코브스키Stokowski 한 사람뿐이었다.

극장을 다녀온 뒤 음악 시간에 선생님이 거의 한 시간 동안 각 지휘자의 독특한 몸짓 흉내까지 내며, 그들을 본 감격을 피로하는 것을 들었을 때는, 따분하고 재미는 없었지만 뭔가 굉장한 것을 보고 왔구나 하는 생각이 막연하게나마 들었다. 그 일이 있은 후 '카네기홀'이란 곳이 음악가나 그 애호가들에게는 엄청난 꿈의 전당이라는 것이 뇌리에 확실하게 각인되었다.

그 선생님 덕분에 음악을 듣는 것을 무척 즐기는 젊은이로 성장했다. 음악 듣기를 사랑하는 사람은 바이올리니스트가 스트라디바리Stradivari를 갖기를 열망하듯이 좋은 음악가와 좋은 소리를 만날 수 있는 '카네기홀'과 같은 뮤직 홀에서 음악 듣기를 열망하기 마련이다. 언젠가 그 '카네기홀' 에 가서 직접 그 좋은 소리를, 그리고 운이 좋으면 역사적인 일로 기록될지도 모를 거장의 명연주를 들어보고 싶다는 지극히 통속적인 꿈을 오래 간직했었다.

지난 8, 90년대에는 회사 일로 뉴욕에 자주 갔었다. 그때야 비로소 '카네기홀' 에서 음악을 들어보았으면 하는 젊은 날의 바람을 성취할 수 있었다. 그러나 처음 갔을 때는 정작 별 감흥을 느끼지 못했다. 언제나 원하면 다시 올 수 있는 곳이란 생각으로 덤덤했을 뿐이었다. 1986년 찬반론이 왁자지껄한 가운데 메인 홀의 '수복restore' 이란 이름의 개조 공사가 반년 이상 걸린 후 연말에 재 개관을 하자, 다음 해 초 신년 연주회에 조마조마한 마음으로 갔다가, 음향효과에는 아무런 변화도 없다는 중론을 나름대로 확인했을 때가 오히려 더 감격스러웠다.

얼마 전에 어느 매체에선가 1950년대 후반에 링컨센터로 본거지를 옮겨 갔던 '뉴욕 필하모닉' 이 2005년 이후 다시 카네기홀로 돌아오기로 되었다는 반가운 기사를 읽었다. 실리를 추구하는 미국 사람들이니까 음향효과도 우선적으로 고려했겠지만, 묵은 것의 가치를 더욱 존중해가는 그곳 인심의 추이도 잘 반영한 처사일 것이라는 생각이 든다.

(2004)

책이 불어나는 사연

나는 취미가 비교적 다양한 편인 모양이다. 어쩌다 신상에 대한 설문지를 메우는 경우 언제나 취미 난이 너무 비좁다는 생각을 해 왔다.

2년 전 지금 살고 있는 집으로 이사를 올 때 짐을 싸면서 보니, 온 집안 이삿짐의 반이 넘는 것이 책 꾸러미였다. 여러 취미 중 책을 읽는 것이 가장 대표적인 것이라, 문학, 사상, 예술 등 내가 관심을 갖고 있는 분야의 고전들이나 관련 사전 종류, 참고서들을 꽤 모았지만, 그런 것 이 외에도 그 동안 내가 어떤 쓸모 없는 짓들을 하며 살아왔는가 하는 것을 짐작할 수 있도록 해 주는 잡서들도 많았다. 그때는 평생을 두고 참 쓰레기도 많이 모았구나 하는 한심한 생각이 들어 그 후 한동안 심한 자기 혐오증에 시달렸었다.

어떤 것을 좋아하기 시작하거나 어떤 일을 꾸밀 때는 우선 그 방면의 책을 여러 가지 구해 읽고, 그것에 관한 지식으로 먼저 거의 전문가가 다 된 기분이 들어야 직성이 풀린다. 예를 들면 어디 여행을 가더라도 그 쪽 지방에 관한 각종 정보가 담긴 책을 먼저 한 보따리 구해 읽어야 한다.

십 몇 년 전에 한동안 사이클에 미친 적이 있다. 자전거에도 종류가 많고, 그 종류에 따라 유명 브랜드가 있고, 그것도 오디오 제품과 같이 각 부품별로 명품이 따로 있다. 마니아mania는 그 부품들을 따로따로 잘 선택해서 조립해 탄다. 벌써 그런 종류를 타기에는 나이가 좀 많은 편이였으면서도, 책을 보고 얻은 정보로 가장 전문가용인 '로드 레이서road racer'를 선택했다.

그 무렵 일본에서 나온 각 연도별 『세계의 사이클』, 『자전거 메뉴얼 백과』, 『자전거 베스트 부품 카탈로그』같은 책들을 해마다 빠짐없이 사 보며 참고했다. 그리고 그 자전거를 타는 사람이면 누구나 갖게 되는 관심사고 꿈의 표적이 되는 『세계의 유명 사이클 대회tour』, 『세계의 자전거 여행 명 코스』같은 책도 샀다. 그뿐이 아니다. 『유 산소aero 운동인 사이클링의 효과』, 『뇌를 활성화하는 자전거 타기, 노인성 치매도 방지한다』 등 건강 관련 해설서에다가 심지어는 『나의 치넬리Cinelli』, 『자전거 자유자재自遊自在』 같은 그 나라 애호가들의 자기 자전거에 관련된 사진과 에세이를 모아놓은 책까지 다

사 보았다.

책이 그렇게 모이다 보니 그에 따라 물건들도 만만찮게 불어난다. 한참 절정기에는 자전거도 종류가 다른 것들이 6대나 되었고, 조립을 하고 유지 보수를 하는데 필요한 도구 일체 및 각종 예비 부품, 계절별 사이클용 의복, 모자, 신발, 안경에 물병 등 소소한 소도구까지 갖추다 보니, 자전거에 관련된 짐만 해도 좁은 집안 한구석을 완전히 점거할 정도가 되었다.

그러나 그런 것들은 자전거에 대한 열이 식고 나면 아무데도 소용없는 쓰레기더미가 되고 만다. 환금성이 있는 것은 고작 자전거나 부품뿐이지만, 그것도 고물이고 구형이니 처분하기로 하면 살 때 가격의 1할에도 미치질 못한다. 정도 든 것들이라 상당 부분을 아직도 간수하고 있자니 거북하기 짝이 없는 짐이다. 그 중에서 무엇보다 흥미 있고 유용하다고 생각했던 책들도 몇 년이 가도록 펴 보지조차 않은 천덕꾸러기가 되었다.

비슷한 일들이 여러 가지 다른 것들에도 되풀이 되었다. 낚시도 그랬고 등산도 그랬다. 엄청나게 사서 모은 낚싯대니 텐트니 침구니 하는 장비들은 보관할 곳이 없어 집사람이 어느 날 나도 몰래 다 버리고, 남아 있는 것이 등산화와 등산복 한두어 벌뿐이다. 하나라도 없으면 큰일이라도 날 것 같아 모아온 것들이 싹 없어져도 어디 한 군데 가려운 곳도 없는 것이 스스로도 신기하고 다행스러웠다. 그러나 그 방면의 안내서니 지도책이니 체험기, 전문인의 전기 등은 아직도 서가 한구석에서 풀이 죽은 채 꽂혀 있다.

카메라와 오디오도 비슷한 경우 중의 하나들이다. 카메라 경우는 20대 시절을 제외하고는 그 걸로 소위 '작품' 성의 사진을 찍은 적은 별로 없다. 그러면서도 여러 종의 카메라 잡지를 구독하고, 사진 촬영 이론서나 작품집이 새로 나올 때마다 골라 샀다. 그러니 카메라 자체에도 욕심이 생긴다. 내 형편에 무리를 해 가면서도 몇 가지 기종의 카메라는 시리즈 별로 새 모델이 나오면 연속적으로 사 모았다.

그런 나를 보고 누가 카메라 촬영에 남달리 취미가 있는 것 같아 보인다기에, 그렇다고 당당하게 말하기가 주저되어 "카메라 기종 수집일 뿐"이라고 수줍게 대답한 적이 있다. 속으로는 언젠가 뒷날 한가해지면 여러 곳을 다니며 본격적으로 사진을 찍어 보리라고 다짐해 왔지만, 노안老眼이 급격히 진행되고 있어, 이제 카메라를 들면 시력 때문에 조작이 불편해 서글픈 기분만 든다. 그래서 최근에 와서는 활용도 못할 카메라 수집은 중단하고 말았다. 결국 카메라 쪽도 말이 씨가 되는 한때의 수집 취미로 허무하게 끝나는 것 같다.

30년 이상 지속해온 오디오 모델 교환도 몇 년째 중지하고 있다. 가당찮게 부피가 두꺼운 일본의 『스테레오 사운드』라는 계간지는 여전히 집에 쌓이고 있지만, 아무리 따라가도 새 모델들이 한도 끝도 없이 쏟아져 나오고, 선전 문구나 오디오

평론가들의 품평만 요란했지, 비싸진 가격에 비해 실질적인 기능은 별로 향상되지 않아 왔기 때문이다. 그런데 최근 들어 눈에 띄게 성능이 좋아진 새로운 차원의 새 세대 제품들이 스피커나 앰프 쪽에서 나왔다고 한다. 아직 시청試聽은 안하고 가격도 알아보지 않았지만, 이제는 예전같이 적은 비용으로 맞교환을 하기에는 우리 집 모델하고 너무 시간적으로 간격이 벌어지고 말았다. 그러니 다시 달려들기에는 주머니 사정에 무리가 온다.

이런 사리 분별력이 생긴 것을 보면 오디오 취미도 이제 한물 간 것이 틀림없다. 그러나 음악을 듣는 것은 여전해서 각종 오디오 소프트 종류와 그 방면 책은 아직도 사들이고 있다.

컴퓨터는 취미라기보다는 살아가기 위해 꼭 필요한 분야라 좀 다른 이야기가 되지만, 그것에도 필요 이상으로 신기한 것들을 찾아 따라가고 있는 편이다. 새로 획기적인 중앙전산처리장치CPU가 딸린 기종이 나오거나, 새로운 운영 체제OS나 프로그램, 빠른 모뎀, 중요한 새 수변기기가 나오면 그것으로 무엇을 하겠다는 구상이나 예정도 없이 무작정 바로 달라붙는다.

그러나 무엇보다도 많이 불어나고 쌓이는 것은 역시 새 제품들을 소개하고 해설하는 책자들이다. 또 컴퓨터와 인터넷으로 달라져 가고 있는 세상을 분석하거나 전망하는 저서들도 포함된다. 이 분야는 유달리 새 책들이 봇물 터진 듯이 쏟아져 나오고 있다.

가장 최근에는 또 좀 엉뚱한 짓이지만 유화를 그리기 시작했다. 별 소질도 없다는 것을 잘 알면서도 역시 우선 이론을 앞세운 접근을 하고 있다. 집사람은 벌써부터 늘어나고 있는 유화 기법 해설서들과 여러 가지 낯선 화구들에 편치 못한 눈길을 보내며, 또 저 사람에게 고약한 새 취미가 하나 등장했나 하고 아주 지겨워하는 눈치다. 그리고 보니 가끔 정신이 들 때마다 일평생을 잘못 살고 있다는 뼈저린 후회를 거듭하면서도 이순耳順의 나이가 되고도 제 버릇 남 못 주고 있는 것이다.

누구 말 흉내내는 것은 아니지만, 몸은 하나인데 왜 이리 나에게는 "세상은 넓고 할 일은 많다"인지 모르겠다. 우리 집에 책이 불어나지 않을 수 없는 사유가 바로 여기에 있다.

(2000)

고전古典 읽기

지난 해 봄부터 동서양에 걸친 수필의 고전들을 찾아 읽고 있다. 맨 먼저 읽은 것이 몽테뉴의 『에세』다. 흔히 동양권에서는 『수상록』이라고 번역이 되고 있지만 『에세』라는 말이 처음으로 사용된 역사적인 의미가 있는 책이라고 생각했기 때문이다. 젊을 때 모두 3권으로 된 완역본을 사서 한번 읽은 기억이 있어 찾아보니 책 더미 한 구석에 아직 남아 있었다. 번역한 분은 이미 작고는 했지만 지금도 누구나 잘 알 정도로 이 나라 불문학계의 거장 중의 한 분이다. 그러나 발간 연도가 꽤 오래된 것이라, 이제는 보기 드문 종서로 된 판형에다 활자도 너무 작고, 종이까지 변색이 되어 읽기가 몹시 거북했다. 그래도 참아가며 조금 읽다 보니 의외로 우리말 표현이 어색하고 그래서 그런지 스스로의 머리를 의심할 정도로 내용도 잘 전달이 되어 오는 것 같지 않았다.

이런 책을 젊을 때 어떻게 읽었을까? 그리고 얼마나 이해를 했다고 생각했을까? 궁금하기도 하고 답답하기도 한 기분이 들었다. 아주 불성실한 출판이 유행하던 시절에 나온 책이고 출판사도 한때 그런 곳으로 평판이 나 있던 곳이다. 아마도 차명만 하고 실제로 번역은 별 자격도 없는 사람들이 이웃나라 책으로 중역한 것이 아닐까 하는 의구심이 들었다. 어디 요즘 제대로 새로 번역된 것은 없나 하고 서점에 나가 찾아보았더니. 놀랍게도 잘 안 팔려서 그런지 옛날 판조차 절판이 되어버리고, 아무리 찾아도 『에세』의 완역본이라고는 것은 아예 없었다. 겨우 있다는 것이 보기에도 내용이 미덥지 못한 발췌 수록 본 몇 종뿐이었다.

몽테뉴의 『에세』라는 대표적인 고전조차 이 지경이니 요즘 우리나라에서 외국어에 능숙하지 못한, 적지 않은 젊은이들이 무슨 방법으로 저 많은 인류의 고전들을 섭렵할 수 있을까? 하는 생각이 들었다. 방학 때나 소위 '독서의 계절'이라는 가을만 되면, 그 때마다 여러 가지 매체를 통해 사회 저명인사들이 젊은이들에게 세계의 고전을 읽으라는 간곡한 당부를 되풀이하고 있다. 그러나 우리말로 제대로 번역된 고전들이 없고 보면 아무래도 공염불로 끝나는 것이 아닌가 생각한다.

대학 때의 일이 회상된다.

전공이 철학이다 보니 외국어 텍스트를 사용하는 소위 원강原講이라는 강좌가 많았다. 예를 들면 칸트의 『순수 이성비판』은 독일어 원전 강독이었고, 밀의『공리주의』는 영어로, 베르그송의 『시간과 자유』는 불어 책을 사용하는 강의였다. 그리고 그 때로서는 비교적 새로운 구미 학파의 철학들은 모두 영어 책으로 수업을 진행했다. 해당 철학자가 자기 나라말로 쓴 책으로 수업을 하는 것이야 당연하다고 하겠으나, 플라톤이니 아리스토텔레스와 같은 고대 희랍 철학자들이나 토마스 아퀴나스 같은 중세 철학자의 책도, 희랍어나 라틴어 원전 대신에 우리말이 아닌 독일어나 영어로 번역된 책을 사용하여 공부를 했다. 우리말로 된 교과서는 무슨 개론이나 원론 종류, 그리고 일부 철학사 정도만 있었다.

모두들 대학에 입학하기까지 기껏해야 영어는 6년, 선택에 따라 독일어나 불어 등 제2 외국어는 각각 고등학교에서 2~3년 정도, 모두 교과서에 실린 유치한 글만 읽은 수준이었다. 허기야 학우 중에는 원서로 『파우스트』를 독파했다거나, 『장 그리스토프』를 완독했다고 큰소리치는 몇몇 자칭 '실력파' 들이 있기는 했지만, 대부분이 교양 학부에서 1년간 얼렁뚱땅 얼마간의 외국어 교양 보충을 받고 바로 원강으로 들어가는 처지라 처음에는 무척 당황을 했던 것 같다. 그 때야 강의를 받는 원서 중에 우리말로 번역된 것은 한 가지도 없었고, 마땅한 참고서도 외국어가 아니고서는 거의 찾아 볼 수 없었다. 그러니 그저 끙끙거리며 사전과 씨름하는 수밖에 없었다.

그 때 학교 중앙 도서관에는 40만 권의 장서가 있고 그 중 80%가 일본어 책이라는 소문이 있었다. 혹시 하고 찾아보니 우리가 공부하는 고전에 속하는 책들은 거의 모두 일본어로 옮겨져 있었다. 더욱 놀라운 사실은 그것들이 모두 그때로부터 5, 60년이나 전인 소위 일본 메이지明治 년대에 이미 번역되어 간행된 것이 많았던 점이다.

그러나 그 책들도 우리에게는 그림의 떡이었다. 해방 이후 초등 교육을 받은 우리는 한문으로 된 표기나 겨우 우리 음으로 읽고 알아 볼 수 있을 뿐이지, 일본어란 영어 독어보다도 더 멀고 생소한 언어였다. 지금은 그 흔한 『일한사전日韓辭典』하나도 그 때는 간행된 것이 없었고, 공부를 하고 싶어도 일본어 교본이나 문법 책 하나 없었다. 그렇다고 도서관에 있는 그 많은 장서들을 못 읽는 것이라고 그냥 포기하기에는 너무나 아쉬운 생각이 들었다. 궁리 끝에 사전은 일영사전日英辭典을 사용하여 영어를 통해 낱말의 뜻을 익히고, 문법은 서양인을 위해 간행된 영어로 된 『일본어 회화 문전』이라는 책을 구해서 영문법에 대응해서 공부를 했다. 그리고는 작은 일본어 『國語辭典』을 사서는 모르는 낱말을 찾다가 해설 가운데 또 모르는 말을 만나고, 다시 그 낱말을 찾다 보면 원래의 말로 되돌아가는 순환 정의에 실소를 해가며 고생을 했다.

일본어 책으로 그 뜻을 알고자 한 영어나 독일어 문장으로 거꾸로 일본어 문장을 해석하는 법을 터득하는 경우도 잦았다. 이집트 신성 문자의 해독을 가능하게 했던 『로제타Rosetta 석』의 일화가 생각나는 경우다. 그렇게 한 3개월 달라붙었더니 필요한 책은 영어 독일어 원본이 있는 경우에 펴들고 그 대략의 뜻은 해독할 수 있을 정도에 이르게 되었다. 일본어는 우리말과 같은 우랄 알타이어 계통의 교착어라, 문법에서 많은 시간을 절약할 수 있었다. 그러나 그 이후 40년이 다 되도록 일본어 책을 꾸준히 읽으면 읽을수록 오히려 구미어보다 더 숙달하기 어려운 언어라는 거리를 항상 느끼고 있다.

그러면서도 『에세』처럼 우리말로 된 좋은 번역이 없는 경우에는 일본어를 통해서라도 쉽게 접할 수 있는 것을 다행스럽게 생각하고, 특별하게 엄밀한 해석이 필요할 때는 대학 때와 같은 방법으로 원전이나 몇 가지 다른 구미어로 된 번역서를 참고로 해가며 읽고 있다. 결국 이번 『에세』의 재독도 전문 학사도 아닌 주세에 오랜 습관에 따라 일본의 이와나미岩波문고본을 기본으로 하고, 프랑스 대학 출판의 까드리즈Quadrige본, 미국 시카고 대학의 브리타니카본을 참고로 했다. 그러나 이런 고생을 이제는 그만 할 수 있도록, 안심하고 쉽게 읽을 수 있는 우리말 번역이 많았으면 하는 바람이 간절하다.

우리나라에서는 웬일이지 번역이라는 일을 그렇게 높게

평하지 않는 것 같다. 학자의 학문적인 업적으로도 평가하지 않는 경향이 있고, 또 돈이 되지도 않아 왔다. 요즘 와서 번역 인세印稅을 제대로 지급하는 건이 출판사에 따라 더러 있기도 한 모양이지만, 어떤 작품을 선정하면 히트를 할까 하는 출판 기획이 겸해졌을 경우로 알고 있다. 옛날부터 역관을 하찮게 여긴 전통 탓인지, 한 때 엉망진창으로 된 일본어 중역자가 많아서였던지 모를 일이나 정말 그릇된 통념이라고 생각한다.

많은 신예 학자들이 고전을 번역하는 일을 필생의 과제로 생각하고, 같은 고전을 선생과 제자가 대를 이어 반복하는 학풍이 우리나라에서도 세워졌으면 한다. 그래서 새로 자라나는 많은 젊은이들이 세계의 고전들을 그때그때 보다 정확하게 그리고 쉽게 읽게 되었으면 한다.

(1998)

안개 속에서

음악을 자주 듣는다. 그러나 즐기는 음악의 범위가 그리 넓지 않다. 주로 집에서 오디오로 음악을 듣지만 젊을 때 자주 듣던 친숙한 곡들이 중심이 된다. 어쩌다 음악회를 가게 될 때도 레퍼토리에 꼭 그러한 곡들이 포함되어 있는 경우다. 세계적으로 인기 있는 유명한 악단의 내한 연주회라도 마찬가지다. 나이가 들어 갈수록 그런 귀에 익은 음악만 즐기는 편식 현상이 점점 더 심해져 가는 것 같다.

애초에 음악을 즐기게 된 것도 뭔가 기억하기 쉬운 동기가 되풀이 되어, 두어 번 듣고 나면 곧 친숙해지는 곡에서 비롯되었다. 교향곡의 경우는 베토벤의 《운명》이 그러했다. 그 곡을 언제 처음 들었는지 확실치 않지만 상당히 어릴 때부터 어쩌다 라디오에서 그 곡이 흘러나오면 환성을 지르며 반가워

했던 기억이 남아 있다.

고등학생 때 대구 미국문화원에서 LP레코드로 드보르작의 《신세계에서》를 처음 들었다. 무슨 어려운 곡이나 감상하게 될 줄 알고 초장에는 잔뜩 긴장해서 듣고 있었는데, 곡이 제2 악장에 이르자 어릴 때 형이 자주 불러 귀에 익은 〈꿈속의 고향〉의 선율이 문득 나타나 자꾸 전조를 하며 그 악장 끝까지 아늑하게 이어졌다. 얼마나 반갑고 친숙한 느낌이 들었던지 그 때부터 바로 그 곡을 좋아하게 되었다.

그 뒤 여러 가지 새로운 곡을 접할 때도 인상적인 주제가 자꾸 재현되는 곡에 쉽게 매료되었고, 그 독특한 분위기에 친숙해지면 같은 작곡가의 다른 곡으로 그 기호가 넓어져 갔다. 차이코프스키와 말러의 경우가 그러했다.

차이코프스키의 《백조의 호수》를 조곡으로 처음 들은 것은 대학 1학년 겨울 방학 때였다. 대구 향촌동에 있던 '녹향'이란 지하 음악 감상실에서였다. 거의 날마다 개근을 하다시피 하며 그 곡을 청해서 되풀이 해 들었다. 몇 해 뒤 어느 뜨거운 여름날에는 홍제동 자취방에서 일본제 라이선스 판인 카라얀의 베를린 필 《비창》을 입수해서 몇날 며칠이고 짧은 밤을 훤히 새우며 듣고 또 들었다. 지금도 어디에서 《 백조의 호수》의 〈정경〉테마나 《비창》제1악장의 제2주제가 문득 들려오면 그 시절이 떠올라 가슴이 아려온다.

말러의 경우는 좀 다르다. 20대 후반 종로 1가 '르네상스'

에서 그의 《교향곡 5번》을 처음 들었을 때 제 1악장 첫머리의 트럼펫 소리에 아무런 까닭도 없이 내 어린 유년 시절이 회상되어 눈물까지 솟아 오른 기억이 있다. 김상용의 시 「고향」의 끝 연 '있지도 않은 고향이 그립소.' 가 생각나는 대목이다. 그렇게 만난 말러지만 10개 되는 그의 교향곡을 아직도 자주 듣고 있다.

그림을 보고 즐기는 데도 비슷한 경향이 있는 것 같다. 기회가 생길 때마다 이곳저곳 미술관을 기웃거린다. 그러나 즐겨 찾아보는 것은 대체로 어릴 적 조잡한 석판 인쇄로 된 미술교과서에서 본 그림들이나 조각들이다. 그런 것들이 소장되어 있는 미술관이 있는 도시를 가면, 어떻게든 짬을 내서 찾아가는 경우가 대부분이지만, 우연한 기회에 엉뚱한 장소에서 오래 보고 싶어 했던 것을 만날 때도 있다.

프랑스에서 월드컵이 개최된 해, 베를린에 갔다가 옛 동부 지역 사회주의 시절에 세워진 볼품없는 현대식 건물의 미술관에서 키리코의 특별전이 열리고 있는 것을 발견했나. 두근거리는 가슴으로 전시장에 들어가 보니, 아니나 다를까? 「거리의 신비와 우수」가 반갑게 걸려 있었다. 텅 빈 거리, 인적 없는 긴 건물의 회랑, 커다란 동상의 본체는 보이지 않고 그 그림자만이 어쩐지 불안스럽게 드리워진 광장, 그리고 그림 아래 한 구석에 그 광장을 향해 굴렁쇠를 굴리며 달려가고 있는 그림자처럼 그 존재감이 희미한 한 소녀, 그 그림 속에는 내 소년 시절이, 그리고 그 때의 엉성궂은 정서가 그대로 함께 엉겨 있다가 눈짓을 하는 것 같았다.

1980년대 말 회사 일로 워싱턴에 갔더니 때마침 국립미술관에서 고갱의 회고전을 열고 있었다. 마치 미국의 국력을 보여주듯 타히티에 있다는 벽화를 제외하고는 거의 모든 작품들이 망라되어 있었다. 그곳에서 오래 보고 싶어 했던 「우리는 어디서 왔는가? 우리는 누구인가? 우리는 어디로 갈 것인가?」를 만날 수 있어 참으로 행복했었다.

그러나 가장 친숙하고 편안한 감정을 느끼는 것은 그 무엇보다도 오래 낯익은 사람들로 둘러싸여 있을 때다. 근년 들어 그러한 얼굴들이 가까운 주변에서 하나 둘 사라지고 있다. 새로운 사람들을 만나기도 하지만 좀처럼 서로 친해지기 어렵다. 귀에 익은 음악만 듣고 눈에 익은 그림들만 찾아보며 산다는 것은 누에처럼 자기가 살아온 고치 속에만 칩거를 하면서 다른 사람들의 접근을 거부하고 있는 생활 같기도 하다. 어느 날의 무슨 비상飛翔을 위한 것인지 모르지만 그럴수록 고독한 마음도 함께 자란다.

헤세가 「안개 속에서」라는 시에서, "내 생애 아직 밝았을 때는/ 이 세상은 친구들로 가득했지만/ 지금 안개 내리니/ 아무도 전혀 보이지 않네." 하고 사람들이 서로가 서로를 알지 못하는 인간의 근원적인 고독한 상황을 노래했었지만, 나이를 자꾸 든다는 것이 바로 그 짙은 안개 속으로 한발 한발 더

깊숙이 걸어 들어가는 것이라는 생각이 든다.

(2007)

논어論語

최근 한 10여 년 동안 아침마다 『논어』를 몇 장章씩 읽고 있다.

『논어』를 딱딱한 유교의 경전 정도로만 생각하는 사람은 아마도 참 고리타분한 취미를 지닌 친구라고 생각할 것이다. 사실 내가 그러한 부류에 속하는 인간일는지 모른다. 『논어』 원본은 판본板本에 따라 차이는 있지만 총 자수가 약 1만 6,000자다. 원문으로는 200자 원고지 100매도 채 안 되는 글이다. 아주 짧은 것도 있고 긴 것도 있지만 평균 32자 정도로 이루어진 500 전후의 장章들이 20편篇에 나뉘어 실려 있다. 공자의 말씀, 공자가 자기 제자 또는 그 때의 사람들과 나눈 문답, 제자들이 본 공자의 기거동작에 관한 구체적인 기술들을 모아놓은 책이다.

진시황의 분서, 모택동의 문화혁명 때 수난을 겪기도 했지만 약2천 500년 동안 주로 동양의 많은 사람들이 애독해 왔다. 그 긴 역사 속에서 공자는 성인으로, 『논어』는 성전聖典으로 숭상을 받은 기간도 아주 길다. 하지만 성서나 불경 같은 종교 서적과는 달리 어떤 초월적인 존재나 피안에 대한 이야기는 나오지 않는다. 세상의 양식良識을 존중하며 끊임없이 자기 수양을 게을리 하지 않았던 공자와 그 제자들의 인간 냄새가 진하게 풍기는 이야기가 주된 내용이다.

내가 『논어』와 만난 것은 옛 사람들에 비하면 아주 늦다. 철이 들면서 바로 한글 전용의 조류에 휩쓸려 살아오다 보니 한문과 별로 친숙할 기회가 없었다. 하지만 조부의 엄한 분부로 취학 전에는 『천자문』을 읽었고 초등학교 저학년 때는 방학에 『동몽선습童蒙先習』도 읽었다. 읽을 때는 싫었지만 그것이 밑천이 되어 고등학교 때는 스스로 『명심보감明心寶鑑』도 읽었다.

대학 입학을 하고 나서야 비로소 『논어』를 읽었다. 언젠가는 한번은 읽어야 할 의무감 비슷한 것을 느껴 왔기 때문이다. 이 때는 번역과 해설이 곁든 책을 택해서 읽었다. 그래서 그랬던지 가끔 『명심보감』에서 읽었던 낯익은 구절을 만나면 반가웠던 것을 빼놓고는 별 감동을 받지 못했다.

그 『논어』를 다시 읽은 것은 대학을 졸업한 해였다. 유교사상과 관계된 「한국 대학생의 가치관 조사연구」프로젝트의 조수 일을 맡았기 때문이다. 우선 조사의 질문지 문항問項을 만드는 기초 작업으로 『사서四書』와 『소학小學』에서 학생들의 도덕적인 견해를 묻는데 적당한 어구를 찾아 인덱스카드를 만드는 일을 해야 했다. 어쩔 수 없이 원문을 한 구절 한 구절 정독하지 않을 수 없었다. 그 때의 식견으로는 『소학』과 『맹자孟子』에는 대학생들의 가치관을 묻기에 적당한 어구들이 꽤 있었지만 『논어』에는 아주 드물다는 생각을 했었다.

그 일이 있고 난 뒤 학업을 계속하는 일을 그만 두고 취직을 했다. 바쁜 일과에 쫓기다 보니 『논어』같은 것은 까맣게 잊어버리고 2~30대를 다 보냈다. 마흔 살이 되던 해에 마침 회사 일로 한 일본인을 만났다. 7년이나 연장자였던 그는 체구가 작은 편이었지만 말수도 적고 몸가짐도 묵직했다. 주로 업무 관계로 10년이 넘도록 서로 오가며 만나는 사이가 되었다. 자주 만나다 보니 그가 어릴 때 『논어』를 읽었고 그것을 나이가 들어서도 애송하고 있다는 사실을 알게 되었다. 그 사람 인품에 은근히 끌리게 된 나는 그와 친숙한 대화를 나누고 싶다는 욕심에서 『논어』를 다시 일본어로 읽고 중요한 구절은 외웠다. 그러한 과정에서 나도 모르게 『논어』에 아주 반해 버렸다.

일본에서는 소독素讀이라고 해서 한문 원문原文을 일본말 순으로 순서를 바꿔 훈訓으로 읽는다. 우리나라 같이 한문에 토만 달아서 음으로 읽기 보다는 암송하기 쉽다. 예를 들면 우리가 '과즉물탄개過則勿憚改니라' 하고 읽는 것을 '잘못을 하면過 바로則 고치는 데改 주저하지憚 말아라勿' 라는 식으로 읽는다.

다른 글도 그렇겠지만 『논어』는 눈으로 읽기만 하는 것보다는 외우면 훨씬 감동적이고 문장도 시詩처럼 아름답게 느껴진다. 50대 중반을 넘어서서는 내친 김에 전문을 다 외우기로 했다. 꽤 오래 노력을 하다 보니 일단 뜻을 이루기는 했으나 서글프게도 젊을 때 외운 것이 아니라 조금만 등한히 하면 금방 생각이 나지 않는 곳이 생긴다. 그래서 아침마다 몇 장씩을 되풀이해서 읽고 있는 것이다.

흔히 『논어』는 나이로 읽는다고 한다. 살아온 세월이 늘어날수록 읽을 때마다 자꾸 새로운 뜻과 맛을 터득하게 된다. 그리고 지난날의 자기 행적을 다시 한번 되돌아보며 여러 가지 감회에 잠긴다. 그러고 보면 『논어』는 젊은이가 장래 훌륭한 사람이 되기 위해 읽기보다는, 나같이 나이 든 사람들이 지기가 이떤 인생을 실아왔는가를 회상하변서 나름대로 위안도 받으며 되풀이해서 읽는 책이 아닐까 생각한다. 그리고 이렇게 매일 읽다 보면 덤으로 치매에 걸릴 위험도 줄어드는 것이 아닐까 하고 『논어』하고는 아무런 상관도 없는 생각을 하기도 한다.

(2006)

나의 테발디

나이를 먹어가며 안타깝게 생각하는 것은 주변에서 감동적인 일이 좀처럼 일어나지 않는다는 점이다.

살아온 세월과 더불어 어쩔 수 없이 쌓여가는 것이 경험적인 지식이다 보니, 무슨 사물을 접해도 대부분의 것들은 이미 익히 알고 지냈던 것들이거나 그와 비슷한 것들이고, 그렇지 않은 경우에도 그 끝이 훤히 내다보이는 것들이다. 호기심을 자극하지 않으니 모두가 시들하다.

어쩌다가 어떤 것에 일시적으로 진한 정이 끌릴 때가 있다. 그러나 곧 닥칠 그 뒷일이 먼저 부담스러운 느낌이 들어 의식적으로 그 타오르려는 감정을 죽이고 만다. 젊을 때는 해내기 쉽지 않았던 일이다. 자기 감정의 움직임에 자제력이 강해졌다고 볼 수 있지만, 그만큼 내면세계가 삭막해졌다는 이야기겠다.

책을 읽어도 깊이 몰입하거나 감동이 되는 경우가 드물다. 그래서 집안 이 구석 저 구석 여전히 쌓여가는 책들을 보면 씁쓸한 마음이 든다.

이거였던가, 저거였던가, 음악을 골라서 들어보지만 기대한 감흥은 일지 않는다. 점점 음악을 배경 음악BGM처럼 무심하게 틀어놓거나 듣게 되어 간다.

나날이 이렇게 덤덤해져 가는 스스로를 그대로 다른 사람에게 다 노출시키고 살고 있지는 않다. 오히려 입으로는 정이 헤퍼졌다.

조금이라도 맛있는 음식, 그것도 어느 대중음식점 설렁탕 한 그릇을 먹고도 '참으로 감동적인 맛' 이라는 표현을 예사로 사용한다. 평범한 어느 악단 정기 연주회에 가서 그만그만한 음악을 접하고도, 같이 간 사람에게 표시해야 할 통과 의례 정도로 생각하고, 우선 손바닥이 아프도록 박수를 치고, 홀을 나와 헤어질 때는 '오늘 서녁은 참으로 행복하다' 하고 무엇 때문에 그렇다는 것인지 정확히는 그 소속이 불분명한 말을 한다.

그러고 있는 자신을 가끔 의식을 할 때가 있다. 그럴 때마다 스스로가 못마땅하고 싫은 생각이 들고 기가 죽는다.

젊었던 날은 왜 그렇게 턱도 없이 감동적인 것들이 온 사방에 널려 있었던지 언제나 감격하기에 몸과 마음이 분주했었다.

레나타 테발디Renata Tebaldi와의 만남도 그런 일들의 하나다.

어느 해, 크리스마스 시즌이었다. 종로 1가에 있던 음악 감상실 '르네상스'에서 푸치니의 《라보엠La Bohéme》을 들었다. 테발디가 미미Mimi 역을 맡은 것이었는데, 죽어가는 미미의 슬픈 절창에 충격에 가까운 감동을 받았다. 바로 그날로부터 나는 테발디의 열렬한 팬이 되었다. 그녀의 레코드와 그녀에 관한 자료를 열심히 모으기 시작했다. 지금처럼 손쉽게 그러한 것들을 수집할 수가 없었을 때였다. 그러나 내가 그때 거처하던 작고 너저분한 단칸방의 벽에는 얼마 지나지 않아 그녀의 프로필 사진이 실려 있는 레코드 재킷이 몇 장 압핀으로 고정되었다. 나보다 16세나 연상인 그녀가 누나라기보다는 어머니 세대에 가까웠지만 나의 핀업 걸pin-up girl이 되었던 셈이다. 밤이면 그녀의 노래를 작은 포터블 전축에 걸고 듣고 또 들었다. 그때는 헤드폰이 대중화되기 전이라 밤중에는 이웃을 의식하면서 낮은 볼륨으로 들을 수밖에 없었다. 그러나 그 호소력이 절절한 노래를 듣는 감흥을 혼자 가누기가 벅찼다. 그녀의 새로운 레코드를 구해서 들을 때마다 먼 지방에 가 있던 친구에게 그녀의 목소리가 얼마나 매혹적인지, 그녀가 노래하는 푸치니의 선율이 얼마나 감동적인지를 전하는 긴 편지를 밤을 새워가며 쓰곤 했었다.

1960년대 후반, 그 시절의 테발디는 같은 소프라노 프리마 돈나의 하나인 마리아 칼라스Maria Callas와 언제나 비교가 되었다. 나는 칼라스를 그녀와 경쟁 관계에 있다는 사실 하나만으로 싫어했다. 물론 그때까지는 칼라스의 레코드는 그녀의 명창으로 저 유명한 도니젯티Donizetti의 《람메르모르의 루치아Lucia di Lammermoor》에서의 〈광란의 루치아〉를 명 아리아 선집에서 들은 것이 고작이었다. 그러면서도 기회가 있을 때마다 그녀의 매부리코와 '앙칼진' 목소리를 싸잡아 비난했었다.

그 뒤 어느 날 정작 내가 좋아하는 테발디가 그 목소리와 재킷의 청초한 모습에서 상상한 것과는 달리, 서양 여자 치고도 거구라는 사실을 알고 얼마나 낙담을 했었던지 지금도 쓴웃음이 나온다. 가련한 목소리를 지닌 여자는 왜 당당한 몸매를 지니면 안 되는지 그 까닭을 나는 지금도 잘 모른다.

테발디는 1970년대 초 화려한 오페라 계에서 완전히 은퇴하기까지 팬들을 위해 세계의 주요 도시를 순회하며 리사이틀도 자주 가졌다지만, 오랜 간절한 소망에도 불구하고 나는 무대 위에 선 그녀의 모습을 직접 본 적이 없다. 그러면서도 테발디에 대한 정열은 오래 지속이 되었고, 지금도 가끔 오디오에서 그녀의 지난 날의 노래를 들으면 가슴 한구석이 아련한 그리움으로 설렌다.

그러나 묘한 것은, 될 수도 없는 일이지만 가능하다고 해도 그 정감 넘치던 시절로 되돌아가고 싶지 않은 심정이 드는 점이다. 젊음에는 엄청난 고뇌Leiden 즉 슬픔이 따른다. 그 지긋지긋한 과정을 다시 밟겠다는 용기가 나지 않는 것은 기력이 쇠약해서라기보다는 세상을 너무 많이 알게 된 탓일 것이다. 어느덧 지나온 길에 길게 드리워진 내 그림자를 돌아보며 다만 그 많은 날들의 일들을 그리워할 뿐이다.

(1999)

가지 않은 길

지난 연말 집 아이가 아빠와 함께 볼만한 영화가 한 편 개봉되었다고 보채는 바람에 오래 만에 극장에 갔다. 막상 아이는 그 영화를 보고 나자 작품 수준이 기대치에 어긋났는지 실망스러워 하면서, 억지로 나를 끌고 온 것을 오히려 미안해하는 눈치였다. 그러나 나는 그 후 며칠을 두고 그 영화의 스토리가 뇌리를 떠나지 않아 여러 가시 상념에 잠셔 지냈다.

영화는 갓 대학을 졸업한 젊은 연인 한 쌍이 공항에서 이별을 하는 장면으로 시작이 된다. 이대로라도 행복할 터이니 결혼해서 살자는 여인을 끝내 뿌리치고 남자는 유학을 떠나버린다. 그러고 나서 화면이 바로 13년이 지난 시점으로 바뀐다. 그 동안 공부를 마치고 돌아와 초고속으로 출세를 한 남자가 아직 독신으로 회사 일에 파묻혀 살면서 크리스마스이

브를 홀로 맞는다. 그는 어두워진 거리로 잠시 쇼핑을 나갔다가 슈퍼에서 소매치기로 몰린 불량배를 잔돈 몇 푼으로 그 궁지에서 벗어나도록 도와주었는데, 그 사람이 사실은 변신을 한 천사였다는 설정으로 이야기가 전개된다. 숙소로 돌아와 잠자리에 들자, 그는 돌연 공항에서 13년 전 헤어진 여자와 그 때 결혼을 한 상황 속으로 들어가게 된다. 매력적인 아내와 귀여운 아이가 둘이나 있는 가정을 이루고 있었으나 가난해서 매사가 편치 못한 삶이다. 처음에는 그 생활에 적응하기 힘들었지만 차츰 정이 들게 되자 돌연히 다시 홀로 지내고 있던 현실 세계로 돌아오게 된다. 사랑스러운 가족과 함께 지낸 정겨운 삶에 미련을 떨칠 수 없게 된 그는 옛 여인을 찾아간다. 그녀도 출세한 미혼으로 남아 있었지만, 이번에는 그녀가 공항에서 새로운 일을 하기 위해 외국으로 막 떠나려는 참이었다. 그는 꿈속에서 경험한 일을 이야기하면서 간신히 그녀를 붙드는 것으로 영화는 끝이 난다.

찰스 디킨스의 『크리스마스 캐럴』과 같이 크리스마스의 기적을 다룬 이야기다. 할리우드에서 비슷한 주제로 몇 번이나 영화화되어 보는 사람의 마음을 아주 흐뭇하고 따뜻하게 만들어 주었다. 그러나 이번 영화는 내가 나이를 더 먹은 탓인지, 연기자나 연출자 탓인지, 어쩐지 그 느낌이 그 전에 본 같은 유형의 작품과는 달리 몹시 쓸쓸했다.

상황 설정이 우리를 언제나 어리둥절하게 만드는 현재의

복잡한 뉴욕이고 그 속에 살고 있는 젊은이들의 문제이고 보니, 그 영화가 제시하는 주장이 그렇게 설득적이거나 흡족하게 느껴지지 않는다. 그들의 뒤늦은 결정이 오늘을 살아가는 이들에게 과연 현명한 정답일 수가 있을까 하는 답답함도 남는다.

사람은 살아가면서 언제나 그들과 같이 두 가닥으로 갈라지는 중요한 갈림길에 서게 되는 경우가 많다.

나도 대학을 졸업하고 취직을 하느냐 외국에 가서 공부를 더 하느냐? 다니던 직장을 그만 두고 직업을 바꾸느냐 마느냐? 하는 쉽게 결단을 내릴 수 없던 몇 번의 고비에서 밤을 새워 고민을 한 적이 있다. 젊었을 때는 그러한 큰 한 구비를 돌고 난 뒤에는 선택하지 않았던 길에 대해서 아쉬움을 갖고, 그 시점으로 되돌아가 다시 시작할 수 없는 것을 안타까워하기가 일쑤였다.

그 때 나는 로버트 프로스트의 시 「가지 않은 길」을 읊기를 좋아했다.

> "길이 노란 숲 속에서 두 가닥으로 갈라져 있었다.
> 유감스럽지만 나는 한 사람의 나그네,
> 두 길을 함께 갈 수 없어서 오래 동안 멈춰 서서,
> 한 쪽 길이 나무그늘 밑 잡초 속으로 굽어 간 곳까지
> 눈길이 닿는 한 멀리 바라보았다.

(중간 두 연 생략)

언젠가 어디에선가 긴 세월이 흐른 뒤
한숨을 섞어가며 나는 이 이야기를 할 것이다.
두 길이 숲 속에서 갈라져 있었고, 그리고 나는,
사람이 적게 다닌 길을 택하였었다고.
그리고 그것이 엄청나게 많은 차이를 가져 왔다고."

그러나 지금은 생각이 많이 달라졌다. 우리가 어떤 갈림길에서 한 길을 선택한 것은 마치 제비를 뽑을 때처럼 완전히 자유로운 선택을 할 수 있는 상황에서 이루어진 것이 아니라는 생각이다. 사람은 어떤 쪽을 더 선호하느냐 하는 내적 성향을 이미 지니고 있다. 그리고 그러한 성향을 지니고 있는 한 그것에 맞는 쪽으로 길을 골라 가게 된다고 본다.

어쩌다 선택이 한 번 엉뚱하게 잘못 내려졌다 해도, 돌고 돌다가 자기가 선호하는 길을 다시 만나게 되는 경우가 생긴다. 처음 갈라질 때와 꼭 같은 상황은 아니라도 자기가 가고 싶은 곳을 갈 수 있는 기회가 오는 것이다. 그러고 보면 사람이 살아가는 길이란 어떤 한두 번의 선택에 의하여 크게 좌우된다기보다는 그 사람의 성향에 따른 작은 선택들에 의하여 조금씩 가닥이 잡혀가고 있는 것 같다. 결국 다른 사람으로 다시 태어나지 않는 한, 사람의 바탕은 변할 수 없기 때문에, 어느 시점으로 되돌아가 다시 시작한다 해도 마지막 도달 지점은 비슷하리라고 생각한다. 자기 삶에 대한 체념에 가까운 생각이지만 그러나 결코 운명론은 아니다.

누구나 가지 않은 길에 대한 미련은 남을 수 있다. 그러나 그때 그 길로 가지 않은 것을 한탄하는 것은 바로 자기 자신을 전면적으로 부정하는 일이 된다. 의미가 없는 일이고 후회를 하려들면 끝이 없다. 그러면서도 사실 우리는 가지 않은 길을 아쉬워하고 그 때의 선택을 후회하는 묘한 존재이다.

키르케고르Kierkegaard가 주장한 딜레마가 생각난다.

"결혼을 하여라. 그러면 너는 후회를 할 것이다. 결혼을 하지 마라. 그래도 너는 후회할 것이다."

(2001)

■ 연보

▪ 약력

1938	대구 출생
1951	대구초등학교 졸업
1954	경북중학교 졸업
1957	경북대학교부속고등학교 졸업
	서울대학교 문리대 철학과 입학
1959~61	육군 학적보유병으로 복무
1964	서울대학교 문리대 철학과 졸업
1967~2004	한국일보사에 38년간 근무
1970	한국일보사 기획부장
1978	한국일보사 기획실장
1979~83	한국일보사 기획 담당 이사
1983~85	한국일보사 기획 재무 담당 상무이사
1985~97	한국일보사 이사
1998~2001	상임고문
2001~2004	감사를 지냄.
1981~95	자매사 한국일보-타임라이프 대표이사
1985~93	한주전자주식회사 대표이사 회장
1995~2003	한국일보 멀티미디어 대표이사

1992~현재 '재단법인 심경문화재단' 이사

2000~현재 '성숙한 사회 가꾸기 모임' 지도위원

▪문단 활동

1970 종합잡지 '세대'에 수필 '등산' 발표

그 후 각 지면에 단속적으로 각종 산문 집필.

1986 수필문우회 회원

1992 '현대한국수필문학상' 수상

2001 수필문우회 부회장

문집 : 수필집 「향수여행」, 「굴뚝」 등

▪취미

유화, 음악 감상, 테니스, 여행

현대수필가 100인선 · 09
고봉진 수필선
묘적암妙寂庵

초판인쇄 | 2007년 10월 1일
초판발행 | 2007년 10월 5일

지 은 이 | 고 봉 진
펴 낸 이 | 서 정 환
펴 낸 곳 | 좋은수필사

주 소 | 서울시 종로구 익선동 30-6
운현신화타워 빌딩 3층 305호.
전 화 | (02)3675-5635, (063)275-4000
등 록 | 1984년 8월 17일 제28호
홈페이지 | http://www.shin-a. co. kr
e-mail | essay321@hanmail.net

값 7,000원

ISBN 978-89-5925-256-5 04810
ISBN 978-89-5925-247-3 (전100권)